# 발달장애 아동을 위한 미술치료 가이드북

제2판

Art therapy
Guidebook for
Children with
Developmental
Disabilities

박성혜
곽진영
전성희

# 제2판 머리말 --------------------

　　최근 우리 사회는 장애아동과 그 부모들을 지원하기 위한 서비스에 대해 관심이 높아지고 있다. 특히 발달장애아동의 발달 기능을 향상시키고 이를 촉진하기 위한 발달재활서비스를 제공하고 있으며, 많은 발달장애아동이 발달재활서비스를 통해 미술치료를 제공받고 있다. 임상현장에서 발달장애아동을 대상으로 미술치료를 진행하는 것은 많은 미술치료사들에게 도전이 된다. 발달장애아동의 미술치료 개입에 있어서 일반아동과는 구별된 발달장애아동의 특성을 이해하고 발달장애아동에게 적합한 매체를 적용하며 단계별 미술치료를 진행하는 것이 무엇보다 필요하다. 이 책은 미술치료 임상현장에서 만나는 발달장애아동이 지닌 다양한 심리 및 행동문제를 보다 깊이 있게 이해하고 중재하기 위한 임상 전문서이다. 저자들은 다년간의 미술치료 임상경험과 슈퍼비전 경험을 토대로 발달장애아동의 미술치료 개입에 있어서 필수적으로 이해하고 있어야 하는 내용들을 다루었다. 또한 발달장애아동의 미술치료를 진행하고 있는 다수의 미술치료사들이 보고하는 어려움과 궁금증들을 기초로 하여 미술치료사들이 임상현장에서 활용하고 응용할 수 있도록 이 책을 집필하였다.

　　이 책은 발달장애아동을 대상으로 치료를 진행하는 미술치료사뿐만 아니라 발달장애아동과 함께 하는 특수교사 및 부모도 쉽게 이해하고 활용할 수 있는 내용으로 구성되었다. 먼저 1장에서는 발달장애아동을 만나고 임상현장에서 미술치료를 제공하는 데 있어서 필수적으로 이해하고 있어야 하는 미술재활 서비스에 대한 정보를 제시하였고, 2장에서는 각 장애를 이해하기 위한 장애별 정의 및 진단기준을 제시하였다. 그리고 3장, 4장, 5장에서는 발달장애아동을 대상으로 미술치료를 진행하기에 앞서 숙지하고 있어야 하는 접수면접, 사례개념화, 장애아동의 평가에 대해 구체적으로 다루어 발달장애아동을 만나는 미술치료사들이 임상현장에서 보다 체계적으로 활용할 수 있도록 하였다. 또한 6장에서는 발달장애아동의 부모와 상담할 때 어려움을 겪는 미술치료사들을 위한 부모상담 내용을 다루었고 7장에서는 발달장애아동을 위한 감각통합 촉진, 정서조절, 문제행동 수정 및 사회성 증진을 위한 미술치료 개입을 현장에서 쉽게 응용할 수 있도록 제시하였다. 마지막으로 8장에서는 Q&A를 통해 임상현장에서 미술치료사들이 자주 마주하게 되는 실질적인 어려움이나 질문에 대한 구체적인 답을 제시하였다.

　　미술치료 임상현장에서 슈퍼바이저로 활동하는 교수님들과 이 책을 함께 구성하고 열정을 담아 집필하였으나, 반복하여 읽어도 부족함이 느껴지기도 한다. 아무쪼록 이 책이 발달장애아동을 대상으로 미술치료를 진행하는 미술치료사들뿐만 아니라 발달재활서비스를 위해 수련 중인 수련생들, 발달장애아동과 활동하는 교사 그리고 발달장애아동을 양육하는 부모들에게도 유익한 정보를 제공할 수 있기를 바란다. 이 책에 제공된 사례들은 내담자의 동의를 얻어 실린 사례로 내담자의 정보가 노출되지 않도록 그들을 보호하기 위해 저자들이 많이 신경을 썼지만 무엇보다도 사례를 제공해주신 분들에게도 진심으로 감사의 마음을 전한다. 끝으로 이 책이 나올 수 있도록 많은 도움을 주시고 여러모로 애써주신 박영스토리 노현 대표님과 편집부 선생님들께 깊은 감사를 드린다.

2024. 1
저자일동

# 차례

# 미술재활 서비스에
# 대한 이해

현재 우리 사회는 다양한 사회문제로 인해 심리적 어려움을 호소하는 사람들이 많아지고 있다. 이러한 심리적 어려움을 극복하기 위해서는 공공영역이나 사적 영역에서도 심리치료에 대한 많은 관심과 지지가 이루어질 필요가 있다. 특히 발달상의 어려움뿐만 아니라 심리·정서·행동적인 어려움이 있는 장애 아동의 경우, 당사자뿐만 아니라 그 부모들은 자녀의 심리적 어려움 해결과 재활을 목적으로 감각통합치료, 미술치료, 음악치료, 언어치료 등 다양한 치료를 자녀에게 제공하고자 끊임없이 많은 시간과 노력을 기울이고 있다.

이처럼 부모들은 성장기에 있는 장애아동의 정신적, 감각적 기능을 향상시킬 뿐만 아니라 행동발달을 돕기 위한 정보를 필요로 한다. 이러한 재활치료서비스에 필요한 정보를 장애아동과 그 부모들에게 제공하는 것이 바로 발달재활서비스이다.

이러한 발달재활서비스 중 미술재활서비스를 제공하기 위해서는 전문적인 능력을 갖춘 미술치료사를 필요로 한다. 미술재활서비스 제공인력이 되기 위해서는 학교에서 필요한 교육과정 개설과 더불어 실습시간이 제공되어야 하고 이것을 모두 수행하기 위해서 여러 필요한 것들을 함께 준비해야 한다. 이를 준비하는 학생들이나 미술재활서비스를 제공하고자 하는 치료사의 경우 발달재활서비스 제공인력이 되기 위해 무엇을 어떻게 해야 하는지를 제대로 이해하는 것이 필요하다. 이에 1장에서는 미술재활 서비스의 개요, 그리고 미술재활서비스를 제공하기 위해 실제 필요한 서류, 추진체계, 자격신청 절차 등을 살펴보고자 한다.

# 미술재활 서비스에 대한 이해

## ◉ 01. 미술재활 서비스 개요

발달재활서비스란 성장기 장애아동의 인지, 의사소통, 적응행동 감각 운동 등의 기능향상과 행동발달을 위한 적절한 서비스를 지원하는 것(장애아동복지지원법, 2012)을 말한다. 발달재활서비스는 장애아동 및 가족의 복지적 욕구에 적합한 서비스 지원과 정보를 제공하여 경제적 부담 경감에 목적을 두고 있다. 이는 국가에서 재활치료 비용을 지원함으로써 장애아동을 양육하는 가정의 경제적 부담을 경감시키기 위한 것이며, 이러한 서비스를 받지 못하는 장애아동의 재활치료를 활성화시키는 데 목적을 두고 이루어지는 서비스이다.

발달재활서비스는 장애아동을 대상으로 하는 재활치료서비스와 부모상담서비스로 나누는데, 재활치료서비스는 언어, 청능, 미술, 음악, 행동, 놀이, 심리운동, 재활심리, 감각, 운동 등 분야에서 서비스를 제공하는 것을 말한다. 반면 부모상담서비스는 장애 아동을 조기 발견하거나 아동 발달을 진단하기 위한 서비스, 중재를 위한 서비스 등을 말한다. 이 중에서 미술재활 서비스는 미술을 치료적으로 사용하는 것 이상으로 이미지를 함께 나누며 발전해가는 특별한 관계를 형성해 나갈 수 있는 치료방법으로, 미술 활동이 갖는 창의적이고 표현적인 측면 때문에 미술 활동에 참여하는 많은 장애아동에게 치료적인 효과를 가져올 수 있다.

이처럼 장애 아동에 대한 미술치료가 효과를 거두기 위해서는 장애 아동을 대상으로 심리치료를 진행하는 미술치료사의 자질이 매우 중요하다. 이를 위해서 국가에서는 미술치료사의 전문적인 자질을 점검하고 이를 국가 차원에서 '발달재활서비스' 제공인력의 자격증을 부여하는 엄격한 자격제도를 2018년에 마련하였다. 발달재활서비스에서 미술재활은 미술치료사의 전문적인 훈련이 이루어져야 함을 의미한다. 미술치료사의 전문적인 훈련은 평생에 걸쳐 이루어지며, 미술치료사의 발달수준, 자기돌봄, 자기성찰과 유의한 관계를 보이고 있다. 따라서 미술치료사의 훈련 및 교육과정에서 개인적 측면과 전문적 측면의 균형을 돕는 것이 매우 중요하다(김보나, 임나영, 2018).

한편, 미술재활서비스가 발달재활서비스의 일환으로 자리잡기 이전에 미술치료가 국내에서 발전하게 된 것은 1970년대에 대학병원 내 정신과 병동에서 미술을 사용하면서 시작되었다. 1982년대에 '한국임상예술학회'가 창립되면서 예술치료에 대한 학술적 연구가 시작되었으며, 1992년에 한국미술치료학회가 창립되어 1994년 미술치료연구지가 창간되었다. 현재 한국미술치료학회를 중심으로 다양한 학회, 협회, 사설 교육기관들이 생기면서 많은 임상미술전문가 및 미술치료사를 양성하고 있다. 미국 또한 1960년대에 미국미술치료학회(American Art Therapy Association; AATA)가 설립되어 미술치료사의 전문성 향상을 위한 교육 및 연구 등의 수련과정을 지속하고 있다. 자격검정의 경우 1993년 미국미술치료사 자격인증위원회(Art Therapy

Credential Board: ATCB)를 설립하여 미술치료의 전문성 향상을 위한 엄격한 자격기준을 마련하여 관리하고 있다.

우리나라의 경우 미술치료 전문인력 양성이 1990년대 말에 처음 대학원과정을 개설한 후부터 이루어졌다고 볼 수 있는데, 학부와 대학원(석사, 박사) 과정으로 나뉘어 현재 9개 대학의 학사과정, 34개의 석사과정과 9개의 박사과정이 개설되어 양적인 성장과 함께 질적인 성장을 높이고 있다(김지은, 2020). 이를 통해 미술치료의 교육적 확장이 이루어졌으며 미술치료 관련 학교에서는 미술치료 전공 학생들이 미술치료사로서 발달과 성장을 도울 수 있는 관련 교과과정을 갖추고 있다. 더불어 미술치료 관련 임상적 측면에서 이론과 실제를 통합할 수 있도록 임상 참관이나 실습을 병행하고 슈퍼비전을 통해 훈련을 받을 수 있는 체계를 갖추고 있다.

대부분 미술치료 관련 이론과 실제에서부터 장애아동의 이해 등 미술재활서비스를 제공하기 위한 기본적이고 필수적인 교과과정을 마련하고 있는데, 이 중 임상실습은 슈퍼비전을 제공하여 미술치료 실무 전문가 양성을 위해 필요한 교과목이다(Wadeson, 2010). 미술재활 현장실습이란 미술치료 임상 현장에서 필요한 다양한 실무와 사례 관리법 등을 학습하고 실습 경험을 통해 전문적인 현장 실무 능력을 갖춘 미술치료 전문가를 양성하기 위한 것을 의미한다. 미술재활서비스 제공인력으로서 인정받기 위해서는 임상실습 시간이 총 100시간 이상이어야 하며, 이 중 장애아동에 대한 실습은 40시간 이상이어야 한다. 이러한 실습은 미술치료전문가의 지도감독하에 실시되는 현장실습을 원칙으로 하고 있다.

발달장애 아동을 위해 이러한 현장실습 형태나 전문적인 미술재활 서비스를 제공하는 방식은 기관방문형과 재가방문형이 있고(고주연 외, 2023), 미술재활 현장실습을 위한 재활서비스 또한 기관에서 이루어지는 서비스와 가정방문형 서비스 형태로 이루어지고 있다. 기관방문형 미술재활서비스의 경우에는 기관에 직접 방문하여 서비스 제공을 받을 수 있는 경우이지만 가정방문형 미술재활 현장실습의 경우 학교 근처 이외의 지역에서 거주하고 있어 기관을 이용하기 어려운 경우나 아동이 이동의 어려움이나 불편이 있거나 보호자가 기관방문에 동행하지 못하는 경우에 실시된다.

이처럼 현장실습이나 전문적인 미술재활 서비스를 제공하기 위해서는 미술치료사의 전문성이 무엇보다 요구된다. 그러나 미술치료 현장에서는 몇 시간의 교육만으로 미술치료 관련 민간자격증을 취득한 경우도 있고 엄격한 수련시간과 과정을 거쳐 학회나 협회로부터 취득한 경우가 있어 치료사의 전문성에 대한 검증이 무엇보다 필요한 시점에 놓여 있다.

이와 관련하여 한국직업능력연구원에 등록된 자격증 중 '미술심리상담' 키워드로 검색되는 미술치료사 관련 자격증은 2024년 현재 555건이며, '미술상담'으로 검색되는 것은 28건으로 총 583건으로 자격증이 발급되었다. 이외에 '미술심리' 키워드로 검색을 하면 630건의 자격증 목록을 볼 수 있어(한국직업능력연구원 홈페이지 자료, 2024 기준), 이 중에서 미술치료사와 관련된 자격증을 포함한다면, 대략 700여 건의 미술치료 관련 자격증이 있음을 추정해 볼 수 있다.

이처럼 많은 미술치료 관련 자격증 발급은 앞서 언급한 바와 같이 양적 증가에 비해 전문성이 검증되지 않은 채 매우 짧은 수련시간으로 발급되는 자격증의 질적 문제가 발생하게 되었다. 이에 대한 치료지원 담당 인력의 자격이나 전문성 관리 및 감독체제를 확립하여 자격기준을 강화하기 위해 공인자격으로의 일원화의 필요성이 제기(정병종, 문장원, 2015)되었고 2009년 보건복지부에서는 '장애아동 재활 치료사업'으로 발달재활서비스를 처음 시작하게 되었다(김진희, 2019). 발달재활서비스 용어는 2012년 '장애아동 복지지원법' 시행으로 사용되었으며 언어, 청능, 미술, 음악, 행동, 놀이, 심리운동, 운동발달재활, 감각발달재활, 재활심리 9개 영역에 대한 법적 근거를 마련하였다(김정희 외, 2014). 이후 보건복지부는 2018년에 발달재활서비스 제공인력의 전문성을 강화하였고 서비스 수준을 높이기 위해 발달재활서비스 영역별로 이수해야 하는 교과목 등을 구체적으로 규정하였으며 해당자격을 인정받기 위한 엄격한 시행절차 및 기준을 제시하였다(보건복지부, 2018). 마침내 국가 차원에서 '발달재활서비스' 제공인력의 자격증을 부여하는 엄격한 자격제도 마련이 이루어진 것이다.

## ◉ 02. 미술재활서비스 사업 추진체계에 대한 이해

발달재활서비스 제공인력 자격 관련 사업이 어떻게 추진되고 있는지를 이해하기 위해서는 관련 규칙과 체계를 살펴볼 필요가 있다. 먼저, 발달재활 서비스 제공인력 자격기준은 장애아동복지지원법 시행규칙에 제시되어 있는데, 다음의 조건 중 어느 하나에 해당되는 사람이어야 한다.

- 보건복지부 장관이 정하여 고시하는 발달재활서비스 관련분야의 국가자격증 또는 국가공인인정 자격증을 소지한 사람
- 관련법 및 고시 제정 시행 「발달재활서비스 제공인력 자격 및 인정절차 기준」 (고시)(18.9.12)

이에 관련 부처에서는 발달재활서비스 제공인력의 전문성을 강화하여 서비스 수준을 높이고자 발달재활서비스 영역별 이수하여야 하는 교과목 등을 구체적으로 규정하고, 해당 자격을 인정받도록 하는 절차 기준(고시)을 2018년 9월 12일부터 시행하였다. 발달재활서비스 사업추진체계는 발달재활서비스 자격관리위원회의 구성 및 운영 제10조에 제시되어 있다. 아래에서 보는 바와 같이 발달재활서비스 보건복지부에서 한국장애인개발원에 위탁하여 중앙장애아동·발달장애인지원센터에서의 자격관리사업단에서 사업총괄 및 자격인증, 자격관리위원회 지원 등의 사업을 진행하고 있다.

**그림 1-1 발달재활서비스 자격 추진체계**

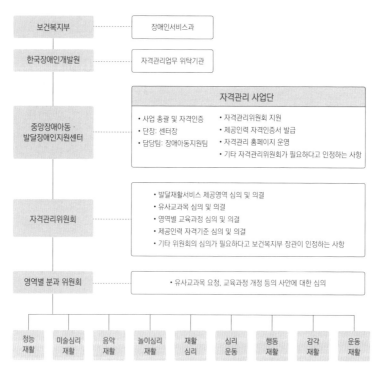

출처: 중앙장애아동·발달장애인지원센터 홈페이지(https://broso.or.kr/)자료.

# ⊙ 03. 미술재활서비스 관련 준비사항

미술재활서비스를 제공하기 위해서는 이를 제공할 전문인력과 더불어 전문인력으로서 갖추어야 할 자세와 이와 관련된 제반에 대한 준비가 철저히 이루어져야 한다. 왜냐하면 이들이 만나는 장애아동들의 권리, 그리고 안녕과 복지가 최우선적으로 이루어져야 하기 때문이다. 미술재활서비스 제공인력으로서 인정받기 위해서는 다음과 같은 준비가 필요하다.

## 1. 미술재활서비스 관련 교과목과 실습에 대한 이해

미술재활서비스 제공 인력으로서 자격을 갖추기 위해서는 대학 또는 이와 동등 학교에서 14개 과목, 42학점을 이수하여야 하며, 대학원에서는 7개 과목, 21학점을 이수하여야 한다.

반면 기존 제공인력의 자격인정(고시안 7조)은 3년 이내에 제4조에 따른 자격을 갖추거나 보건복지부 장관이 개설한 전환교육 과정(30시간)을 이수해야 했다. 그러나 전환교육은 2021년 9월 12일에 종료되어, 전환교육을 이수하지 못하였다면 교과목이수를 통한 자격확인을 받아야 한다. 발달재활서비스 제공인력으로 활동하고자 하는 경우 이 고시에 규정된 관련 교과목 이수 후 발달재활서비스 자격관리위원회의 심의를 거쳐 자격 인정을 받아야 활동이 가능하다.

이 고시 시행 이전 민간 자격을 가진 제공인력의 경우, 2021년 9월 12일까지 이 고시에 규정된 관련 교과목을 이수하였음을 증명하거나, 보건복지부 장관이 개설하는 전환 교육과정을 이수하여야 자격을 인정받을 수 있다. 대학교(학사기준)에서 이수해야 되는 과목 수는 총 14과목 42학점으로, 공통필수 1과목, 공통선택 1과목, 전공필수 3과목, 전공선택 9과목이며 대학원(석, 박사기준)에서 이수해야 되는 과목 수는 총 7과목 21학점이며 공통필

수 1과목, 전공필수 3과목, 전공선택 3과목이다.

> 「고등교육법」 제2조에 따른 학교 또는 「학점인정 등에 관한 법률」 제3조 제1
> 항에 따라 평가 인정을 받은 학습과정을 설치 운영하는 교육훈련기관에서 보
> 건복지부 장관이 정하여 고시하는 발달재활서비스 관련 과목 중 14과목 이상
> (42학점 이상을 말한다) 이수한 사람
> 「고등교육법」 제29조의 2에 따른 대학원에서 보건복지부장관이 정하여 고시
> 하는 발달재활서비스 관련 과목 중 7과목 이상(21학점 이상을 말한다)을 이수한
> 사람

 과목명이 발달재활서비스 제공인력 기준에서 제시한 교과목과 유사한
경우 각 교과목 커리큘럼에 한국장애인개발원에서 제시한 교육과정 내용의
60%이상이 포함되어야 인정받을 수 있다. 특히 임상 실습의 경우, 총 실습
시간 100시간 중 40시간 이상은 발달장애(뇌병변, 지적, 자폐성, 시각, 청각, 언어장
애) 아동(만 0세~18세 미만)에 대한 실습을 해야 하고 이에 대해 미술치료 전문
가의 수련감독을 반드시 받아야 하며 미술심리재활 현장실습 확인증을 제
출해야 한다.

| 공통필수(1과목) | 공통선택(10과목) |
|---|---|
| 장애아동의 이해(공통필수) | 아동발달 |
| | 장애아동 부모교육 및 상담 |
| | 상담심리학 |
| | 심리학개론 |
| | 윤리와 철학(재활사 윤리) |
| | 재활행정과 정책 |
| | 장애아동 진단 및 평가 |
| | 안전관리와 응급처치 |
| | 장애인 복지론 |
| | 신경과학개론 |

| 전공필수(3과목) | 전공선택(21과목) |
|---|---|
| 미술치료학개론<br>장애아동미술재활<br>미술재활현장실습 | 유아동미술치료<br>청소년미술치료<br>가족미술치료<br>집단미술치료<br>미술표현기법<br>창의적미술치료<br>미술치료연구방법<br>색채심리학<br>미술치료사례연구<br>매체연구및실습<br>임상실습및슈퍼비전I<br>임상실습및슈퍼비전II<br>미술심리학<br>미술심리진단평가<br>아동미술교육<br>미술재활프로그램개발및평가<br>이상심리학<br>아동발달<br>부모교육 및 상담<br>미술심리상담사윤리<br>미술재활세미나 |

## 서식 1. 미술심리재활 현장실습 확인증

### [미술심리재활 현장실습] 확인증

| 인적 사항 | 성명 | | 주민등록번호 | | |
|---|---|---|---|---|---|
| | 주소 | | | | |
| | 학교명 | | 학 과 | | 학 번 | |

| 구분 | 실습기관 (대표자/사업자 등록번호) | 실습기간 | 실습시간 | 실습대상 | 실습내용 |
|---|---|---|---|---|---|
| 전체 임상실습 | | | | | |
| 장애아동 실습시간 | | | 시간 | 총 실습시간 | 시간 |

| *임상실습 담당자 | ㉮ | 발급기관 및 자격명 | | 자격증번호 | |
|---|---|---|---|---|---|
| **담당교수 | ㉮ | 발급기관 및 자격명 | | 자격증번호 | |

위 사람은 위와 같은 내용으로 학점 이수를 하였음을 증명합니다

년     월     일

담당 교수 :                 ㉮

* 임상실습담당자는 장애아동 대상으로 실습을 진행한 대표기관의 담당자를 뜻함.
** 임상실습담당자의 자격기준이 미충족 되는 경우 실습담당교수의 자격기준을 확인함.

## 2. 미술재활서비스 자격신청 절차에 대한 이해

미술재활서비스 자격신청을 하기 위해서는 앞서 설명한 자격기준에 맞춰 교과목 이수와 최소 40시간 이상의 대면 발달장애 아동 대상 임상실습을 포함한 100시간의 실습을 완료해야 한다. 이후 다음과 같은 절차를 통해 자격신정을 할 수 있다. 먼저 홈페이지에 들어가서 접수신청을 하고 1차 서류검토를 통해 통과가 되면 자격관리위원회 산하 미술재활 분과위원회에서 2차 심의가 이루어져서 그 이후 최종심의를 거쳐 미술재활서비스 제공인력으로서의 자격여부가 결정된다.

**그림 1-2 미술재활서비스 자격신청 절차**

1) 홈페이지
2) 접수, 신청
3) 1차 심의 (제출서류검토)
4) 1차 심의결과통보
5) 2차 심의 (분과위원회)
6) 최종심의 및 의결 (자격관리위원회)
7) 결과통보
8) 원본서류 제출
9) 자격인증서 발급

① 홈페이지를 통한 제공인력 인정 확인

② 접수 및 신청(온라인)

③ 1차 심의: 제출서류 검토

④ 1차 심의 결과 통보

⑤ 2차 심의: 자격관리위원회 산하 분과위원회

⑥ 최종 심의 및 의결: 자격관리위원회

⑦ 결과통보

⑧ 원본서류 제출

⑨ 자격인정서 발급


자격신청을 위해 제출해야 할 서류는 다음과 같다.

① 발달재활서비스 자격인정 신청서: 온라인 작성

② 최종학력증명서

③ 성적증명서

④ 미술심리재활 현장실습 확인증


발달재활서비스와 관련하여 경력이 있는 사람의 경우, 발달재활서비스 경력이 2018.9.12. 이전 6개월 이상인 경우에는 경력증명서로 대체 가능하나, 실습확인서는 실습평가서로 대체될 수 없다. 잊지 말아야 할 것은 모든 서류에 있어서 발급일 6개월 이내의 서류를 제출해야 한다는 점을 명심해야 한다.

이와 더불어 미술재활서비스를 제공하는 전문인력은 미술재활치료 분야에서 전문적인 미술치료 프로그램을 제공함으로써 장애아동의 치료에 대한 욕구를 증진시키고 미술치료의 효과를 평가하여 이후 더 좋은 미술치료적 개입을 모색할 수 있어야 한다. 또한 장애아동 부모에게도 자녀의 미술치료를 위한 필요한 정보를 제공함으로써 자녀의 미술치료의 긍정적 효과를 증진시킬 수 있도록 해야 한다. 미술재활서비스 제공인력의 조건은 아래 표의 어느 하나에 해당되는 사람이어야 한다.

1. 미술재활서비스 관련 분야 국가공인 민간자격증 소지자
2. 자격기본법에 따른 민간자격관리자가 발급한 미술재활서비스 관련 분야 지격증 소지자
3. 미술재활서비스 관련 학과를 전공하여 [고등교육법]에 다른 전문 학사 이상의 학위를 취득한 사람으로서 미술재활서비스 관련 분야 경력이 1,200시간 이상인 사람. 다만 [고등교육법]에 따른 학사학위 이상의 학위를 취득한 사람은 초과 이수한 수업 연한을 경력으로 인정한다. 이 경우 1년을 300시간으로 하여 계산한다.

제21조(발달재활서비스지원) ① 국가와 지방자치단체는 장애아동의 인지, 의사소통, 적응행동, 감각ㆍ운동 등의 기능향상과 행동발달을 위하여 적절한 발달재활서비스(이하 "발달재활서비스"라 한다)를 지원할 수 있다.

② 제1항에 따른 발달재활서비스를 지원할 때에는 장애아동의 장애유형ㆍ장애정도와 그 가족의 경제적 능력 등을 고려하여 지원할 대상 및 내용을 결정할 수 있다.

③ 제1항에 따른 발달재활서비스 지원기간은 장애아동이 발달재활서비스 지원 대상자로 선정된 달의 다음 달부터 장애아동이 만 18세가 되는 달까지로 한다. 다만, 해당 장애아동이 「초ㆍ중등교육법」 제2조에 따른 학교에 재학 중인 경우에는 만 20세가 되는 달까지로 한다. 〈신설 2021. 6. 8.〉

④ 지방자치단체는 발달재활서비스의 제공경험 및 전문성, 서비스 내용의 적정성 등을 고려하여 발달재활서비스를 제공하는 기관(이하 "발달재활서비스 제공기관"이라 한다)을 지정하여 운영할 수 있다. 〈개정 2021. 6. 8.〉

⑤ 발달재활서비스 제공기관은 장애아동에게 적합한 발달재활서비스를 제공하기 위하여 발달재활서비스 제공계획을 수립하고 실시하여야 한다. 〈개정 2021. 6. 8.〉

⑥ 지방자치단체의 장은 발달재활서비스 제공기관이 다음 각 호의 어느 하나에 해당하는 때에는 그 지정을 취소할 수 있다. 〈개정 2021. 6. 8., 2023. 3. 28.〉

1. 거짓이나 그 밖의 부정한 방법으로 지정을 받은 경우

2. 당초의 지정조건을 충족하지 못하게 된 경우

3. 제33조의 정보제공의무를 위반한 경우

4. 발달재활서비스 제공기관의 장 또는 종사자가 「의료법」 제27조제1
   항을 위반하여 발달재활서비스를 제공받는 장애아동에게 무면허 의
   료행위를 하여 같은 법 제87조의2제2항에 따라 처벌을 받은 경우. 다
   만, 발달재활서비스 제공기관의 장이 종사자의 행위를 방지하기 위
   하여 해당 업무에 관하여 상당한 주의와 감독을 게을리하지 아니한
   경우는 제외한다.


⑦ 제1항부터 제3항까지의 규정에 따른 발달재활서비스의 지원 기준·방
   법 등에 필요한 사항은 보건복지부령으로 정한다. 〈개정 2021. 6. 8.〉

⑧ 제4항부터 제6항까지의 규정에 따른 발달재활서비스 제공기관의 지
   정 및 지정취소의 기준·절차, 지정기간 및 운영 등에 필요한 사항은
   보건복지부령으로 정한다. 〈개정 2021. 6. 8.〉

[시행일: 2024. 3. 29.] 제21조


제21조의2(발달재활서비스 제공기관의 장과 종사자의 결격사유) 다음 각 호의 어느
하나에 해당하는 사람은 발달재활서비스 제공기관을 운영하거나 발달재활
서비스 제공기관의 종사자로 채용될 수 없다.

1. 미성년자·피성년후견인

2. 「마약류 관리에 관한 법률」 제2조제1호의 마약류에 중독된 사람

3. 금고 이상의 실형을 선고받고 그 집행이 종료(집행이 종료된 것으로 보는

경우를 포함한다)되거나 집행이 면제된 날부터 2년(「아동복지법」 제3조제7호의2에 따른 아동학대관련범죄를 저지른 경우에는 10년)이 지나지 아니한 사람

4. 금고 이상의 형의 집행유예를 선고받고 그 유예기간 중에 있는 사람. 다만, 「아동복지법」 제3조제7호의2에 따른 아동학대관련범죄로 금고 이상의 형의 집행유예를 선고받은 경우에는 그 집행유예가 확정된 날부터 10년이 지나지 아니한 사람을 말한다.

5. 제39조에 따라 300만원 이상의 벌금형이 확정된 날부터 2년이 지나지 아니한 사람 또는 「아동복지법」 제3조제7호의2에 따른 아동학대관련범죄로 벌금형이 확정된 날부터 5년이 지나지 아니한 사람

[본조신설 2023. 3. 28.]

[시행일: 2024. 3. 29.] 제21조의2

제7조(발달재활서비스의 지원 기준 등)

① 보건복지부장관은 법 제21조제2항에 따라 발달재활서비스 지원의 필요성 및 효과, 장애아동 및 그 가족의 소득과 재산을 고려하여 매년 예산의 범위에서 발달재활서비스 지원 기준을 마련하여야 한다.

② 지방자치단체의 장은 제1항의 지원 기준에 따라 발달재활서비스 지원 대상 장애아동을 선정하여야 한다.

③ 삭제 〈2021. 12. 7.〉

④ 지방자치단체의 장은 제2항에 따라 발달재활서비스를 지원할 때에는 장애아동 복지지원 이용권으로 제공할 수 있다.

제8조(발달재활서비스 제공기관의 지정기준 및 지정 절차)

① 법 제21조제4항에 따른 발달재활서비스 제공기관(이하 "발달재활서비스 제공기관"이라 한다)의 지정기준은 별표 1과(제8조 제1항 관련) 같다. 〈개정 2015. 12. 31., 2021. 12. 7.〉

## 별표1. 발달재활서비스 제공기관의 지정기준(제8조 제1항 관련)

1. 시설기준

**가. 발달재활서비스 제공기관의 위치**

1) 발달재활서비스에 대한 수요, 발달재활서비스 제공기관 분포의 적정성, 교통편의 등 시설에 대한 접근성을 고려하여 적절한 곳에 위치할 것

2) 장애아동의 안전이나 보건·위생의 측면을 고려하여 쾌적한 환경을 유지할 수 있는 곳에 위치할 것

**나. 시설의 구조 및 설비**

1) 진단검사 및 발달재활서비스를 제공하기 위한 독립된 공간을 갖출 것

2) 각 발달재활서비스 제공 공간은 그 공간에서 제공하는 발달재활서비스에 참여하는 사람(발달재활서비스 제공 인력을 포함한다) 1인당 3.3제곱미터 이상의 면적을 확보할 것

3) 전문적인 발달재활서비스를 제공하는 데에 적합한 구조와 필요한 설비를 갖출 것

4) 사무와 행정 처리를 위한 별도의 공간을 갖출 것

5) 장애아동이 발달재활서비스를 받는 동안 부모가 대기할 수 있는 공간을 갖출 것

6) 삭제 〈2015.12.31.〉

**다. 소방시설 등:「화재예방, 소방시설 설치·유지 및 안전관리에 관한 법률」**
제9조제1항에 따라 소방청장이 정하여 고시하는 화재안전기준에 따라 다음의 시설을 갖출 것

1) 「화재예방, 소방시설 설치·유지 및 안전관리에 관한 법률 시행령」 별표 1 제1호가목1)의 소화기를 갖출 것. 이 경우 발달재활서비스 제공기관의 바닥면적 합계가 300제곱미터 미만인 경우에는 구획된 실마다 「화재예방, 소방시설 설치·유지 및 안전관리에 관한 법률 시행령」 별표 1 제1호가목1)의 소화기를 갖출 것

2) 발달재활서비스 제공기관의 바닥면적 합계가 600제곱미터 이상인 경우에는 「화재예방, 소방시설 설치·유지 및 안전관리에 관한 법률 시행령」 별표 1 제1호라목1)에 따른 스프링클러설비를 설치하고, 300제곱미터 이상 600제곱미터 미만인 경우에는 같은 목 2)에 따른 간이스프링클러설비(캐비닛형 간이스프링클러설비를 포함한다)를 설치할 것

3) 발달재활서비스 제공기관의 바닥면적 합계가 400제곱미터 이상인 경우에는 「화재예방, 소방시설 설치·유지 및 안전관리에 관한 법률 시행령」 별표 1 제2호라목에 따른 자동화재탐지설비를 설치하고, 400제곱미터 미만인 경우에는 같은 호 가목에 따른 단독경보형 감지기 또는 나목에 따른 비상경보설비를 설치할 것

4) 가스시설이 설치된 경우에는 「화재예방, 소방시설 설치·유지 및 안전관리에 관한 법률 시행령」 별표 1 제2호자목에 따른 가스누설경보기를 설치할 것

5) 「화재예방, 소방시설 설치·유지 및 안전관리에 관한 법률 시행령」 별표 1 제3호가목에 따른 피난기구 및 다목에 따른 유도등을 갖추되, 「화재예방, 소방시설 설치·유지 및 안전관리에 관한 법률 시행령」 별표 1 제3호 가목에 따른 피난기구를 갖추는 경우에는 소방청장이 정하여 고시하는 「피난기구의 화재안전기준(NFSC 301)」 별표 1 제1호에 따른 노유자시설의 적응성 기준에 따라 갖출 것

6) 발달재활서비스 제공기관 내부의 천장 및 벽체의 마감재료는 불연재료 또는 준불연재료로 설치하고, 「화재예방, 소방시설 설치·유지 및 안전 관리에 관한 법률」 제12조제1항에 따른 방염대상물품은 방염성능이 있 는 것으로 설치할 것

**라. 편의시설 및 기타 설비 기준**

1) 출입구, 문, 복도 등 매개 시설 및 내부 시설은 휠체어의 접근·이동이 가능하도록 할 것

2) 2층 이상에 위치한 발달재활서비스 제공기관은 승강기, 휠체어리프트 또는 경사로 중 하나를 설치할 것

3) 나목2)에 따른 각 발달재활서비스 제공 공간 내부를 볼 수 있도록 해 당 공간을 투명창으로 설치하거나 해당 공간 안에 폐쇄회로 텔레비전 을 설치할 것

마. 가목부터 라목까지의 규정에 따른 발달재활서비스 제공기관의 시설기 준 설치에 필요한 구체적 기준은 보건복지부장관이 정한다. 바. 「장애 인복지법」 제59조제2항 및 같은 법 시행규칙 제43조제1항에 따라 신 고된 장애인 재활치료시설을 운영하는 자가 제8조에 따라 발달재활서 비스 제공기관 지정 신청을 하는 경우(발달재활서비스 제공기관으로 지정되 어 2015년 12월 31일 당시 발달재활서비스 제공기관으로 운영되고 있는 장애인 재활치료시설인 경우를 포함한다) 가목부터 마목까지의 규정에 따른 시설 기준을 갖춘 것으로 본다.

2. 인력기준

가. 배치기준

1) 발달재활서비스 제공기관의 장 1명을 배치할 것

2) 발달재활서비스를 적절하게 제공할 수 있도록 발달재활서비스 제공 인력 1명 이상을 배치할 것

나. 발달재활서비스 제공기관의 장의 자격기준: 다음의 어느 하나에 해당하는 사람일 것. 다만, 발달재활서비스 제공기관(발달재활서비스 외에 다른 장애인복지 관련 사업도 수행하는 기관으로 한정한다)의 장이 발달재활서비스 제공 인력 중 다음 1)부터 4)까지의 어느 하나에 해당하는 자격기준을 갖춘 사람을 발달재활서비스 관리책임자로 지정하는 경우에는 발달재활서비스 제공기관의 장은 그 자격기준을 갖춘 것으로 본다.

1) 사회복지사·특수학교교사·치료사 등 장애인재활 관련 자격증을 취득한 사람

2) 「고등교육법」에 따른 전문학사학위 이상의 학위를 취득한 사람(법령에 따라 이와 같은 수준 이상의 학력이 있다고 인정되는 사람을 포함한다)으로서 장애인복지 분야에서 5년 이상 근무한 경력이 있는 사람. 다만, 학사 이상의 학위를 취득한 사람은 초과 이수한 수업연한을 경력으로 인정하되, 「독학에 의한 학위취득에 관한 법률」에 따른 학사학위 등 수업연한이 없는 학사학위를 취득한 사람의 경우에는 2년을 경력으로 인정한다.

3) 「고등교육법」에 따른 대학에서 장애인복지 분야 전임강사 이상으로 재직한 경력이 있는 사람

4) 그 밖에 외국에서 취득한 관련 자격으로 위와 같은 수준 이상의 자격이 있다고 보건복지부장관이 인정하는 사람

다. 발달재활서비스 제공 인력의 자격기준: 다음의 어느 하나에 해당하는 사람일 것

1) 보건복지부장관이 정하여 고시하는 발달재활서비스 관련 분야의 국가자격증 또는 국가공인자격증을 소지한 사람

2) 「고등교육법」 제2조에 따른 학교 또는 「학점인정 등에 관한 법률」 제3
조제1항에 따라 평가인정을 받은 학습과정을 설치·운영하는 교육훈련
기관에서 보건복지부장관이 정하여 고시하는 발달재활서비스 관련 과
목 중 14과목 이상(42학점 이상을 말한다)을 이수한 사람

3) 「고등교육법」 제29조의2에 따른 대학원에서 보건복지부장관이 정하여
고시하는 발달재활서비스 관련 과목 중 7과목 이상(21학점 이상을 말한다)
을 이수한 사람

3. 발달재활서비스 기준

가. 발달재활서비스의 내용 및 가격

1) 언어·청능(聽能), 미술·음악, 행동·놀이·심리, 감각·운동 등을 통하여
장애아동의 재활 및 발달에 도움을 주는 서비스일 것

2) 발달재활서비스의 제공 가격이 관련 민간시장의 상황, 발달재활서비
스의 내용 및 전문성 등을 종합적으로 고려하였을 때 적절한 수준일 것

나. 발달재활서비스의 품질

1) 발달재활서비스 제공 인력의 자격 및 임상경험 등이 양질의 서비스를 제
공할 수 있는 수준일 것

2) 과거 관련 사업 경험이 풍부하여 발달재활서비스 제공 관련 전문성이
축적되어 있을 것

3) 과거 관련 사업 수행과 관련하여 서비스계약의 불이행 또는 불성실한
이행, 서비스 품질에 따른 이용자 불만 민원이 다수 발생하는 등의 사
례가 없었을 것

② 발달재활서비스 제공기관으로 지정받으려는 자는 발달재활서비스 제공기관 지정신청서에 다음 각 호의 서류를 첨부하여 특별자치시장·특별자치도지사·시장·군수·구청장에게 제출해야 한다. 〈개정 2015. 12. 31., 2021. 9. 7.〉

1. 사업계획서

2. 별지 제3호서식의 발달재활서비스 내용 요약서

3. 「장애인복지법」 제59조제2항 및 같은 법 시행규칙 제43조제5항에 따른 장애인복지시설 신고증 사본(「장애인복지법」 제58조제1항에 따른 장애인복지시설만 해당한다)

4. 발달재활서비스 제공기관의 평면도(시설의 층별·구조별 면적을 표시하여야 한다)와 설비구조 내역서 및 소방시설 등을 확인할 수 있는 도면

5. 발달재활서비스 제공기관의 장과 발달재활서비스 제공 인력의 자격을 증명하는 서류

③ 제2항에 따른 신청을 받은 특별자치시장·특별자치도지사·시장·군수·구청장은 「전자정부법」 제36조제1항에 따른 행정정보의 공동이용을 통하여 다음 각 호의 서류를 확인해야 한다. 다만, 신청인이 사업자등록증의 확인에 동의하지 않는 경우에는 그 서류를 첨부하도록 해야 한다. 〈개정 2021. 9. 7.〉

1. 법인 등기사항증명서(법인인 경우만 해당한다)

2. 사업자등록증

④ 특별자치시장·특별자치도지사·시장·군수·구청장은 발달재활서비스 제공기관을 지정하려는 경우에는 다음 각 호의 사람을 위원으로 하는 발달재활서비스 제공기관 심사위원회를 구성하여 제1항의 지

정기준에 적합한지를 심사하게 해야 한다. 〈개정 2021. 9. 7.〉

1. 해당 특별자치시·특별자치도·시·군·구 소속의 관계 공무원 1명

2. 장애아동 또는 발달재활서비스와 관련한 학식과 경험이 풍부한 사람 4명 이내

⑤ 특별자치시장·특별자치도지사·시장·군수·구청장은 발달재활서비스 제공기관을 지정할 때에는 지역별 지원 대상 장애아동의 수와 지역 특성 등을 고려하여 적정한 수의 발달재활서비스 제공기관을 지정해야 한다. 〈개정 2021. 9. 7.〉

⑥ 특별자치시장·특별자치도지사·시장·군수·구청장은 제5항에 따라 발달재활서비스 제공기관을 지정했을 때에는 보건복지부장관이 정하는 지정서를 발급해야 한다. 〈개정 2021. 9. 7.〉

⑦ 제1항부터 제6항까지에서 규정한 사항 외에 발달재활서비스 제공기관 심사위원회의 구성·운영 및 심사기준 등에 관하여 필요한 사항은 특별자치시장·특별자치도지사·시장·군수·구청장이 정한다. 〈개정 2021. 9. 7.〉


제8조의2(소방시설 등 확인 요청)

① 제8조제2항에 따라 지정 신청을 받은 특별자치시장·특별자치도지사·시장·군수·구청장은 발달재활서비스 제공기관이 별표 1 제1호다목에 따라 갖추어야 하는 소방시설 등에 대하여 「화재예방, 소방시설 설치·유지 및 안전관리에 관한 법률」 제7조제7항 전단에 따라 그 발달재활서비스 제공기관의 소재지를 관할하는 소방본부장이나 소방서장에게 그 발달재활서비스 제공기관의 소방시설 등이 같은 법

또는 같은 법에 따른 명령을 따르고 있는지에 대한 확인을 요청해야
한다. 이 경우 특별자치시장·특별자치도지사·시장·군수·구청장
은 소방시설 등을 확인할 수 있는 도면을 그 발달재활서비스 제공기
관의 소재지를 관할하는 소방본부장이나 소방서장에게 제출해야 한
다. 〈개정 2017. 9. 12., 2021. 9. 7.〉

② 특별자치시장·특별자치도지사·시장·군수·구청장은 발달재활서
비스 제공기관이 소재지를 옮기는 경우에 발달재활서비스 제공기관
이 별표 1 제1호다목에 따라 갖추어야 하는 소방시설 등에 대하여
「화재예방, 소방시설 설치·유지 및 안전관리에 관한 법률」 제7조제
7항 전단에 따라 그 발달재활서비스 제공기관의 소재지를 관할하는
소방본부장이나 소방서장에게 그 발달재활서비스 제공기관의 소방
시설 등이 같은 법 또는 같은 법에 따른 명령을 따르고 있는지에 대한
확인을 요청해야 한다. 〈개정 2017. 9. 12., 2021. 9. 7.〉

[본조신설 2015. 12. 31.]


제9조(발달재활서비스 제공기관의 운영기준)

발달재활서비스 제공기관의 운영기준은 별표 2와 같다. 〈개정 2015.
12. 31.〉

## 별표2. 발달재활서비스 제공기관의 운영기준(제9조 관련)

### 1. 운영규정

발달재활서비스 제공기관의 장은 조직·인사·급여·회계·물품, 그 밖에 운영에 필요한 규정을 제정·시행해야 한다.

### 2. 회계관리

국가나 지방자치단체로부터 예산의 지원을 받는 발달재활서비스 제공기관의 경우 기존 사업과 발달재활서비스의 인력 및 회계를 별도로 분리하여 관리해야 한다.

### 3. 장부 등의 비치

발달재활서비스 제공기관에는 다음 각 목의 장부 및 서류를 갖추어 두어야 한다.

가. 발달재활서비스 제공기관의 연혁에 관한 기록부
나. 발달재활서비스 제공기관의 장 및 발달재활서비스 제공 인력의 인사카드
다. 발달재활서비스 제공 인력 관계 서류(근로계약서, 제공 인력 명부, 자격증 등)
라. 발달재활서비스 제공 관련 서류(서비스 제공계획, 일정표, 상담기록철 등)
마. 발달재활서비스 모니터링 및 평가에 관한 서류 등
바. 예산서 및 결산서
사. 금전 및 물품의 출납부와 그 증명서류
아. 발달재활서비스 제공 인력의 4대보험 가입서류, 결제영수증 등
자. 각종 증명서류와 그 밖에 필요한 서류

### 4. 보험 가입

가. 발달재활서비스 제공기관의 장은 발달재활서비스 제공 인력에 대한 배상보험에 가입해야 한다.
나. 발달재활서비스 제공 인력은 관계 법령에서 정하는 바에 따라 4대 보험에 가입해야 한다.

제10조(발달재활서비스 제공기관의 지정취소)

① 특별자치시장 · 특별자치도지사 · 시장 · 군수 · 구청장은 법 제21조 제6항에 따라 발달재활서비스 제공기관의 지정을 취소하려는 경우에는 해당 발달재활서비스 제공기관에서 발달재활서비스를 이용 중인 장애아동을 다른 발달재활서비스 제공기관으로 옮기도록 하는 등 장애아동의 권익을 보호하기 위하여 필요한 조치를 해야 한다. 〈개정 2021. 9. 7., 2021. 12. 7.〉

② 특별자치시장 · 특별자치도지사 · 시장 · 군수 · 구청장은 발달재활 서비스 제공기관의 지정을 취소한 경우 특별자치시장 · 특별자치도지사는 보건복지부장관에게, 시장 · 군수 · 구청장은 특별시장 · 광역시장 · 도지사를 거쳐 보건복지부장관에게 보고해야 한다. 〈개정 2021. 9. 7.〉


제11조(발달재활서비스 제공기관의 지정기간)

법 제21조제8항에 따른 발달재활서비스 제공기관의 지정기간은 1년 이상 3년 이내의 범위에서 특별자치시장 · 특별자치도지사 · 시장 · 군수 · 구청장이 정한다. 〈개정 2021. 9. 7., 2021. 12. 7.〉


제12조(특수교육 또는 재활 관련 교과목 및 학점 등)

「장애아동 복지지원법 시행령」 제5조제2항제2호에서 "보건복지부령으로 정하는 특수교육 또는 재활 관련 교과목 및 학점"이란 별표 3과 같다.

**별표3. 특수교육 또는 재활관련 교과목 및 학점(제12조 관련)**

– 장애아동 복지지원법 시행규칙 〈개정 2021. 9. 7.〉

특수교육 또는 재활 관련 교과목 및 학점(제12조 관련)

## 1. 2012년 8월 4일 이전에 편입하거나 입학한 사람

### 가. 특수교육 및 재활 관련 기본 교과목 및 학점

| | |
|---|---|
| 기본<br>교과목 | 교육학개론, 실기교육방법론, 치료교육 실기, 특수교육학개론, (특수아)통합교육, 개별화 교육계획, 언어치료학개론, 영유아교수방법론, 특수아(장애아) 부모교육론, 특수아 행동지도, 지적장애아교육, 청각장애아교육, 정서장애아교육, 학습장애아교육, 지체부자유아교육, 언어발달장애, 자폐장애교육, 특수아 상담 및 가족지원, 특수교육 측정 및 평가, 시각장애아교육, 장애아동보육론, 감각장애아교육, 특수교구교재 제작, 보육실습, 아동발달론 |
| 학점 | 8과목(16학점) 이상 |

### 나. 유사 교과목 인정 기준: 가목의 기본 교과목 명칭과 동일하지 아니한 교과목이더라도 다음의 유사 교과목에 해당하는 경우에는 그에 해당하는 기본 교과목을 이수한 것으로 본다.

| 기본 교과목 | 유사 교과목 |
|---|---|
| 특수교육학개론 | 재활 및 특수교육, 유아특수교육개론, 특수아동교육, 특수교육개론, 특수교육학, 유아특수교육학, 특수아동지도 |
| (특수아)통합교육 | 장애영유아통합교육, 통합교육, 특수아 통합 및 보육 세미나 |

| 개별화 교육계획 | 개별화교육프로그램, 프로그램 개발 및 평가 |
|---|---|
| 언어치료학개론 | 언어지도 및 치료, 언어치료학, 언어치료 및 실습, 언어장애아교육 |
| 영유아교수 방법론 | 장애영유아 교수법, 장애아동 보육론, 특수아동지도, 특수아동 프로그램 개발 및 평가, 특수교육공학 |
| 특수아(장애아) 부모교육론 | 부모교육 및 훈련, 부모교육과 가족치료, 특수아부모교육, 부모교육론 |
| 특수아 행동지도 | 아동관찰 및 행동연구, 행동수정, 학습이론과 행동수정, 장애아문제행동지도 |
| 지적장애아교육 | 지적장애교육, 지적장애아 교수방법 및 실습, 지적장애인 교육과 재활, 지적장애아 심리 및 교육, 특수아심리 |
| 청각장애아교육 | 언어청각장애아교육, 청각장애, 청각장애인교육과 재활, 청각장애교육, 청각장애아심리 및 교육 |
| 정서장애아교육 | 정서장애교육, 정서 및 행동장애아 교육, 정서학습장애아교육, 정서 및 사회부적응아 교육, 정서행동장애인 교육과 재활, 정서 및 행동장애아 심리 및 교육, 정신건강 |
| 학습장애아교육 | 정서학습장애아교육, 학습장애인 교육과 재활, 학습장애아 심리 및 교육, 경도장애아 교육 |
| 지체부자유아 교육 | 지체아동교육, 지체부자유교육, 지체장애인 교육과 재활, 지체부자유아 심리 및 교육 |
| 언어발달장애 | 언어청각장애아교육, 언어지도, 언어지도 및 치료, 의사소통장애개론, 언어장애아교육 |
| 자폐장애교육 | 자폐스펙트럼장애 교육 |
| 특수아 상담 및 가족지원 | 재활상담, 장애가족상담, 가족복지 및 치료, 특수아 상담, 가족상담 |

| | |
|---|---|
| 특수교육 측정 및 평가 | 심리검사와 평가, 심리 평가 및 진단, 장애 유아 진단평가, 장애진단 및 평가, 장애아 심리 및 검사, 장애진단과 평가, 특수아(장애아) 진단 및 평가 |
| 시각장애아교육 | 시각장애인 교육과 재활 |
| 장애아동보육론 | 보육학 개론 |
| 감각장애아교육 | 감각장애아동교육 |
| 특수교구교재 제작 | 특수교구 및 교재개발, 특수교육공학, 재활공학 |
| 보육실습 | 전담보육 또는 통합어린이집 실습 |
| 아동발달론 | 인지발달, 언어발달, 운동발달, 적응행동 발달, 사회성 발달, 발달 심리 |

## 2. 2012년 8월 5일 이후에 편입하거나 입학한 사람

### 가. 특수교육 및 재활 관련 기본 교과목 및 학점

| | |
|---|---|
| 기본 교과목 | 특수교육학개론, (특수아)통합교육, 개별화 교육계획, 언어치료 학개론, 장애영유아교수방법론, 특수아(장애아)부모교육론, 특수 아 행동지도, 지적장애아교육, 청각장애아교육, 정서장애아교육, 학습장애 아교육, 지체부자유아교육, 언어발달장애, 자폐장애교 육, 특수아 상담 및 가족지원, 특수교육 측정 및 평가, 시각장애아 교육, 장애아동보육론, 감각장애아교육, 특수교구교재제작, 장애 아보육실습, 장애아보육교사론, 발달지체영유아 조기 개입 |
| 학점 | 8과목(24학점) 이상 |

**나. 유사 교과목 인정 기준:** 가목의 기본 교과목 명칭과 동일하지 아니한 교과목이더라도 다음의 유사 교과목에 해당하는 경우에는 그에 해당하는 기본 교과목을 이수한 것으로 본다.

| 기본 교과목 | 유사 교과목 |
| --- | --- |
| 특수교육학개론 | 재활 및 특수교육, 유아특수교육개론, 특수아동교육, 특수교육개론, 특수교육학, 유아특수교육학, 특수아동지도 |
| (특수아)통합교육 | 장애영유아통합교육, 통합교육, 특수아 통합 및 보육 세미나 |
| 개별화 교육계획 | 개별화교육프로그램 |
| 언어치료학개론 | 언어지도 및 치료, 언어치료학, 언어치료 및 실습, 언어장애아교육 |
| 장애영유아교수방법론 | 장애영유아 교수법, 장애아동 보육론, 특수아동지도, 특수아동 프로그램 개발 및 평가, 특수교육공학 |
| 특수아 행동지도 | 아동관찰 및 행동연구, 행동수정, 학습이론과 행동수정, 장애아문제행동지도 |
| 지적장애아교육 | 지적장애교육, 지적장애아교수방법 및 실습, 지적장애인 교육과 재활, 지적장애아심리 및 교육 |
| 청각장애아교육 | 언어청각장애아교육, 청각장애, 청각장애인교육과 재활, 청각장애교육, 청각장애아심리 및 교육 |
| 정서장애아교육 | 정서장애교육, 정서 및 행동장애아 교육, 정서학습장애아교육, 정서 및 사회부적응아 교육, 정서행동장애인 교육과 재활, 정서 및 행동장애아 심리 및 교육 |
| 학습장애아교육 | 정서학습장애아교육, 학습장애인 교육과 재활, 학습장애아 심리 및 교육, 경도장애아 교육 |
| 지체부자유아교육 | 지체아동교육, 지체부자유교육, 지체장애인 교육과 재활, 지체부자유아 심리 및 교육 |

| | |
|---|---|
| 언어발달장애 | 언어청각장애아교육, 언어지도 및 치료, 의사소통장애개론, 언어장애아교육 |
| 자폐장애교육 | 자폐스펙트럼장애 교육 |
| 특수아 상담 및 가족지원 | 재활상담, 장애가족상담, 특수아 상담, 가족상담 |
| 특수교육 측정 및 평가 | 장애 유아 진단평가, 장애진단 및 평가, 장애아 심리 및 검사, 장애진단과 평가, 특수아(장애아) 진단 및 평가 |
| 시각장애아교육 | 시각장애인교육과 재활 |
| 장애아동보육론 | 장애아 보육과정 운영 |
| 감각장애아교육 | 감각장애아동교육 |
| 특수교구교재제작 | 특수교구 및 교재개발 |
| 장애아보육실습 | 장애아 전문 어린이집 혹은 장애아 통합 어린이집 실습 |

3. 교과목의 명칭이 제1호 및 제2호의 교과목 명칭과 동일하지 아니한 교과목이더라도 보건복지부장관이 인정하는 법인 또는 단체가 교과목 내용이 동일한지를 심사하여 제1호 및 제2호에 따른 교과목과 동일하다고 인정하는 경우에는 그 교과목을 제1호 및 제2호에 따른 교과목으로 본다.

4. 보건복지부장관은 특수교육 또는 재활 관련 교과목 및 학점 충족 여부의 확인 등에 필요한 사항을 정하여 고시한다.

# 발달재활서비스 제공 인력 정보

## 1. 기관 정보

| 기관명 | | 발달재활서비스 제공기관으로 지정한 특별자치시·특별자치도·시·군·구 | |
|---|---|---|---|
| 주소 (전화번호) | | 대표자(생년월일) | |

## 2. 제공 인력 정보

| | | |
|---|---|---|
| 성명 | | (사진) |
| 성별 | | |
| 최종학력 | | |
| 전공 | | |

## 3. 자격 현황

| 일련번호 | 자격증 명칭 | 자격번호 | 자격발급 기관 | 자격취득 요건 | | 취득 시기 |
|---|---|---|---|---|---|---|
| | | | | 교육 과정 | 임상 시간 | |
| | | | | | | |
| | | | | | | |
| | | | | | | |

## 4. 주요 경력

| 기간 | 근무기관 | 직위 |
|---|---|---|
| | | |
| | | |

위 사실이 틀림없음을 확인합니다

발달재활서비스 제공기관 대표
발달재활서비스 제공 인력

년      월      인

(서명 또는 인)

(서명 또는 인)

특별자치시장·특별자치도지사 · 시장 · 군수 · 구청장 귀하

지역장애 아동지원센터의 장 귀하

장애아동 및 그 보호자 귀하

• 발달재활서비스 제공 인력과 관련한 자격 및 경력정보 등을 거짓으로 제공할 경우 「장애아동 복지지원법」 제39조제2항제4호에 따라 1년 이하의 징역 또는 1천만원 이하의 벌금형에 처해질 수 있습니다.

# 참고문헌

고주연, 김희수, 송주영, 이효정, 임현균, 최영은 (2023). 장애아동의 이해(제2판).
　　서울: 학지사메디컬.

김보나, 임나영 (2018). 미술심리상담사의 발달수준과 심리 적 소진의 관계: 자기
　　돌봄과 자기성찰의 매개효과를 중심으로. 한국예술치료학회지, 18(2), 1-21.

김정희, 조윤경, 박주영, 이의정 (2014). 발달재활서비스 제공기관의 서비스 및 인
　　력 현황과 개선방안. 발달장애연구, 18(1), 1-23.

김지은 (2021). 미술재활현장실습 교과목 운영 개선을 위한 학부 미술치료학 전공
　　수강생의 미술치료사 역량인식 변화 및 실습경험 연구. 학습자중심교과교육연
　　구, 21(5), 545-558.

김지은 (2020). 발달재활서비스 교과목 운영을 위한 국내 미술치료학 학사학위 교
　　과과정 운영현황. 재활심리연구, 27(2), 1-18.

김진희 (2019). 발달재활서비스 대상자의 미술치료 연구동향. 임상미술치료연구,
　　9(2), 123-138.

보건복지부 (2023). 장애아동 가족지원 사업 안내. 서울: 보건복지부.

보건복지부 (2020.08.24.). 발달재활서비스 제공 인력의 자격 및 인정 절차 기준.
　　https://www.mohw.go.kr/react/search/search.jsp.

보건복지부 (2018). 장애아동 가족지원사업 안내. 서울: 보건복지부.

보건복지부 (2009). 장애아동 가족지원사업 안내. 서울: 보건복지부.

정병종, 문장원 (2015). 예술심리상담사의 위상과 과제. 예술심리치료연구, 11(2),
　　91-113.

Wadeson, H. (2010). *Art Psychotherapy*(2nd ed.). Hoboken, NJ: John Wi-
　　ley & Sons, Inc.

국가법령지원센터 홈페이지 https://law.go.kr/

민간자격정보서비스 홈페이지 https://pqi.or.kr/

중앙장애아동 · 발달장애인지원센터 홈페이지 https://broso.or.kr/

한국직업능력연구원 홈페이지 https://krivet.or.kr/

# 2장

# 장애별 정의 및
# 진단기준

미술재활 서비스를 포함한 발달재활 서비스는 장애인 복지법 및 장애인 등에 대한 특수교육법 등에서 정한 장애아동을 대상으로 다양한 치료적 개입을 지원하는 사회복지 서비스를 말한다. 여기에서 장애아동이란 18세 미만의 아동으로서 「장애인 복지법」에 규정된 장애를 가진 아동이다(다만 6세 미만의 아동으로서 장애가 있다고 보건복지부장관이 별도로 인정하는 사람을 포함시키고 있다).

2007년 제정된 「장애인 등에 대한 특수교육법」에서는 이러한 장애아동을 특수교육 대상자로 지정하면서 11가지의 장애 유형을 포함시키고 있다. 그 유형으로는 시각장애, 청각장애, 지적장애, 지체장애, 정서·행동장애, 자폐성장애, 의사소통장애, 학습장애, 건강장애, 발달지체, 그 밖에 대통령령으로 정하는 장애가 포함된다.

미술재활 서비스 제공 인력으로서 장애아동을 대상으로 미술치료를 하는 치료사라면 미술 매체에 대한 이해, 심리학 및 아동발달 이론에 대한 이해 뿐 아니라 장애 아동에 대한 충분한 이해가 선행되어야 하는데, 이는 치료사의 전문성과도 연관되는 중요한 부분이다. 이를 위해서 치료사는 각 장애별 정의 및 특성 그리고 진단 기준 등을 이해하고 그에 맞는 치료적 개입을 모색할 수 있어야 한다. 2장에서는 「장애인 등에 대한 특수교육법」의 분류에 따른 장애별 정의 및 진단 기준에 대해 살펴봄으로써 장애의 이해를 높이고자 한다.

# 장애별 정의 및 진단기준

◉ 01. 지적장애

1. 정의

### 1) 장애인복지법

정신 발육이 지체되어 지적 능력의 발달이 불완전하고 자신의 일을 처리하는 것과 사회생활에 적응하는 것에 어려움을 겪는 사람

### 2) 장애인 등에 대한 특수교육법

지적기능과 적응행동상의 어려움을 동시에 가지고 있어 교육적 성취에 곤란을 겪는 사람

## 2. 진단기준(DSM-5)

지적장애(지적발달장애)는 발달 시기에 시작되며, 개념, 사회, 실행 영역에서 지적 기능과 적응 기능 모두에 결함이 있는 상태를 말한다. 다음의 3가지 진단기준을 충족해야 한다.

A. 임상적 평가와 개별적으로 실시된 표준화된 지능 검사로 확인된 지적 기능(추론, 문제 해결, 계획, 추상적 사고, 판단, 학업, 경험 학습)의 결함이 있다.

B. 적응 기능의 결함으로 인해 독립성과 사회적 책임 의식에 필요한 발달학적 사회문화적 표준을 충족하지 못한다. 지속적인 지원 없이는 적응 결함으로 인해 다양한 환경(가정, 학교, 일터, 공동체)에서 한 가지 이상의 일상 활동(의사소통 사회적 참여. 독립적 생활) 기능에 제한을 받는다.

C. 지적 결함과 적응 기능의 결함은 발달 시기 동안에 시작된다.

현재의 심각도를 명시할 것(표를 참조하시오):

317(F70) 경도

381.0(F71) 중등도

381.1(F72) 고도

381.2(F73) 최고도

**표 2-1  지적장애(지적발달장애)의 심각도 수준**

| 심각도<br>수준 | 개념적 영역<br>(conceptual domain) | 사회적 영역<br>(social domain) | 실행적 영역<br>(practical domain) |
|---|---|---|---|
| 경도<br>(mild) | 학령전기 아동에서는 개념적 영역의 차이가 뚜렷하지 않을 수 있다. 학령기 아동과 성인에서는 읽기, 쓰기, 계산, 시간이나 돈에 대한 개념과 같은 학업 기술을 습득하는 데 어려움이 있으며, 연령에 적합한 기능을 하기 위해서는 하나 이상의 영역에서 도움이 필요하다. 성인에서는 학습된 기술의 기능적 사용(예: 읽기, 금전 관리)뿐 아니라 추상적 사고, 집행 기능 (예: 계획, 전략 수립, 우선순위 정하기, 인지적 유연성), 단기기억도 손상되어 있다. 문제나 해결에 대한 접근이 또래에 비해 다소 융통성이 없다. | 전형적인 발달을 보이는 또래에 비해 사회적 상호 작용이 미숙하다. 예를 들어, 또래들의 사회적 신호를 정확하게 인지하는 데 어려움이 있을 수 있다. 의사소통, 대화, 언어가 연령 기대 수준에 비해 좀 더 구체적인 수준에 머물러 있거나 미숙하다. 연령에 적합한 방식으로 감정이나 행동을 조절하는 데 어려움이 있을 수 있다. | 자기관리는 연령에 적합하게 수행할 수 있다. 복잡한 일상생활 영역에서는 또래에 비해 약간의 도움이 필요하다. 성인에서는 장보기, 교통수단 이용하기, 가사 및 아이 돌보기, 영양을 갖춘 음식 준비, 은행 업무와 금전 관리와 같은 영역에서의 도움이 필요하다. 여가 기술은 또래와 유사하나, 웰빙과 여가 계획과 관련된 판단에는 도움이 필요하다. 여가 기술은 또래와 유사하나, 웰빙과 여가 계획과 관련된 판단에는 도움이 필요하다. 성인기에는 개념적 기술이 강조되지 않는 일자리에 종종 취업하기도 한다. 건강 관리나 법률과 관련된 결정을 내리고직업 활동을 능숙하게 수행하기 위해서는 도움이 필요하다. |

| 중등도 (mode rate) | 전 발달 영역에 걸쳐, 개념적 기술이 또래에 비해 현저히 뒤처진다. 학령전기 아동에서는 언어와 학습 준비 기술이 느리게 발달한다. 학령기 아동에서는 읽기, 쓰기, 수학, 시간과 돈에 대한 이해가 전 학령기에 걸쳐 더딘 진행을 보이며, 또래에 비해 매우 제한적이다. 성인기에도 학업 기술은 초등학생 수준에 머무르며 개인 생활이나 직업에서 학업 기술을 사용하기 위해서는 도움이 필요하다. 일상생활에서의 개념적 업무를 완수하기 위해서는 지속적인 도움이 필요하며, 다른 사람이 이러한 책임을 전적으로 대신하기도 한다. | 전 발달 과정에 걸쳐 사회적 행동과 의사소통 행동에서 또래들과 확연한 차이를 보인다. 표현언어가 사회적 의사소통의 주요 수단이지만 단어나 문장이 또래에 비해 단조롭다. 대인관계를 맺는 능력이 있어 가족과 친구와 유대 관계를 가지며, 성공적으로 우정을 나눌 수도 있고, 성인기에 연애를 할 수도 있다. 그러나 사회적 신호를 정확하게 감지하거나 해석하지 못할 수도 있다. 사회적 판단과 결정 능력에 제한이 있어 중요한 결정을 내릴 때에는 도와주어야 한다. 의사소통이나 사회성의 제약이 정상 발달을 하는 또래들과의 우정에 영향을 끼친다. 직업적 영역에서 성공하기 위해서는 많은 사회적 · 의사소통적 도움이 요구된다. | 식사, 옷 입기, 배설, 위생 관리는 가능하나, 이러한 영역을 독립적으로 수행하기 위해서는 장기간에 걸친 교육과 시간이 필요하며, 할 일을 상기시켜 주는 것도 필요하다. 성인기에 모든 집안 일에 참여할 수 있으나 장기간의 교육이 필요하며, 대체로 성인 수준을 수행하기 위해서는 지속적인 도움이 필요하다. 제한된 개념적 기술과 의사소통 기술이 요구되는 직업에 독립적 취업이 가능하나 사회적 기대, 업무의 복잡성 및 일정 관리, 교통수단 이용하기 의료보험, 금전 관리와 같은 부수적인 책임을 해내기 위해서는 동료나 감독자, 다른 사람의 상당한 도움이 필요하다. 다양한 여가 활용 기술을 발달시킬수 있다. 이를 위해서는 일반적으로 오랜 기간에 걸친 부수적인 도움과 학습 기회가 필요하다. 극히 일부에서는 부적응적인 행동을 보이며 사회적 문제를 야기하기도 한다. |

| | | | |
|---|---|---|---|
| 고도<br>(se-<br>vere) | 개념적 기술을 제한적으로 습득할 수 있다. 글이나 수, 양, 시간, 금전에 대한 개념 이해가 거의 없다. 보호자들은 인생 전반에 걸쳐 문제 해결에 광범위한 도움을 제공한다. | 말 표현 시 어휘나 문법에 상당한 제한이 있다. 한 단어나 구로 말을 하거나 다른 보완적 방법으로 내용을 보충하게 된다. 말이나 의사소통은 현재의 일상생활에 관한 내용에 치중되어 있다. 언어는 설명이나 해석보다는 사회적 의사소통을 위해 사용하며 간단한 말이나 몸짓을 이해할 수 있다. 가족 구성원과의 관계나 친밀한 이들과의 관계에서 즐거움을 얻고 도움을 받는다. | 식사, 옷 입기, 목욕, 배설과 같은 일상생활 영역 전반에 대한 지원과 감독이 항시 필요하다. 자신이나 타인의 안녕에 대한 책임 있는 결정을 내릴 수 없다. 성인기에 가사, 여가 활동이나 작업에 참여하기 위해서는 지속적인 도움과 지원이 필요하며, 모든 영역의 기술 습득을 위해서는 장기간의 교육과 지속적인 도움이 필요하다. 소수의 경우에서는 자해와 같은 부적응적 행동이 문제가 될 수 있다. |
| 최고도<br>(profo<br>und) | 개념적 기술은 주로 상징적 과정보다는 물리적 세계와 연관이 있다. 자기관리, 작업, 여가를 위해 목표 지향적 방식으로 사물을 이용할 수 있다. 짝 짓기, 분류하기와 같은 단순한 시각-공간적 기능을 습득할 수도 있으나 동반된 운동, 감각 손상이 사물의 기능적 사용을 방해할 수 있다. | 말이나 몸짓의 상징적 의사소통에 대한 이해가 매우 제한적이다. 일부 간단한 지시나 몸짓을 이해할 수 있다. 자신의 욕구나 감정은 주로 비언어적, 비상징적 의사소통 방식을 통해 표현한다. 친숙한 가족 구성원이나 보호자와의 관계를 즐기며, 몸짓이나 감정적 신호를 통해 사회적 의사소통을 맺는다. 동반된 감각적·신체적 손상으로 인해 다양한 사회적 활동에 제한이 생길 수 있다. | 일부 일상 활동에는 참여할 수도 있으나, 일상적인 신체 관리, 건강, 안전의 전 영역에 걸쳐 타인에게 의존적인 생활을 하게 된다. 심각한 신체적 손상이 없는 경우에는 접시 나르기와 같은 간단한 가사를 보조할 수 있다. 고도의 지속적인 도움을 통해 물건을 이용한 간단한 활동을 함으로써 일부 직업적 활동의 기초를 마련할 수 있다. 다른 사람의 도움하에 음악 듣기, 영화 보기, 참여할 수 있다. 동반된 신체적 |

| 최고도 (profound) | | | · 감각적 손상이 집안일이나 여가, 직업적 활동에 참여하는 데 종종 방해가 된다. 소수의 경우에서는 부적응적 행동이 나타날 수 있다. |
|---|---|---|---|

## ◉ 02. 자폐스펙트럼장애

### 1. 정의

#### 1) 장애인 등에 대한 특수교육법

사회적 상호작용과 의사소통에 결함이 있고 제한적이고 반복적인 관심과 활동을 보임으로써 교육적 성취 및 일상생활 적응에 도움이 필요한 사람

#### 2) 장애인복지법

소아기 자폐증, 비전형적 자폐증에 따른 언어·신체표현·자기조절·사회적응 기능 및 능력의 장애로 인하여 일상생활이나 사회생활에 상당한 제약을 받아 다른 사람의 도움이 필요한 사람

### 2. 진단기준(DSM-5)

A. 다양한 분야에 걸쳐 나타나는 사회적 의사소통 및 사회적 상호작용의 지속적인 결함으로 현재 또는 과거력상 다음과 같은 특징으로 나타난다.

1. 사회적-감정적 상호성의 결함(예: 비정상적인 사회적 접근과 정상적인 대화의 실패, 흥미나 감정 공유의 감소, 사회적 상호작용의 시작 및 반응의 실패)

2. 사회적 상호작용을 위한 비언어적인 의사소통 행동의 결함(예: 언어적, 비언어적 의사소통의 불완전한 통합, 비정상적인 눈 맞춤과 몸짓 언어, 몸짓의 이해와 사용의 결함, 얼굴 표정과 비언어적 의사소통의 전반적 결핍)

3. 관계 발전, 유지 및 관계에 대한 이해의 결함(예: 다양한 사회적 상황에 적합한 적응적 행동의 어려움, 상상 놀이를 공유하거나 친구 사귀기가 어려움, 동료들에 대한 관심 결여)

현재의 심각도를 명시할 것:

심각도는 사회적 의사소통 손상과 제한적이고 반복적인 행동 양상에 기초하여 평가한다.

B. 제한적이고 반복적인 행동이나 흥미, 활동이 현재 또는 과거력상 다음 항목들 가운데 적어도 2가지 이상 나타난다.

1. 상동증적이거나 반복적인 운동성 동작, 물건 사용 또는 말하기(예: 단순 운동 상동증, 장난감 정렬하기 또는 물체 튕기기, 반향어, 특이한 문구 사용)

2. 동일성에 대한 고집, 일상적인 것에 대한 융통성 없는 집착, 또는 의례적인 언어나 비언어적 행동 양상(예: 작은 변화에 대한 극심한 고통, 변화의 어려움, 완고한 사고방식, 의례적인 인사, 같은 길로만 다니기, 매일 같은 음식 먹기)

3. 강도나 초점에 있어서 비정상적으로 극도로 제한되고 고정된 흥미(예: 특이한 물체에 대한 강한 애착 또는 집착, 과도하게 국한되거나 고집스러운 흥미)

4. 감각 정보에 대한 과잉 또는 과소 반응, 또는 환경의 감각 영역에 대한 특이한 관심(예: 통증/온도에 대한 명백한 무관심, 특정 소리나 감촉에 대한 부정적 반응, 과도한 냄새 맡기 또는 물체 만지기, 빛이나 움직임에 대한 시각적 매료)

현재의 심각도를 명시할 것:

심각도는 사회적 의사소통과 제한적이고 반복적인 행동 양상에 기초하여 평가한다.

C. 증상은 반드시 초기 발달 시기부터 나타나야 한다(그러나 사회적 요구가 개인의 제한된 능력을 넘어서기 전까지는 증상이 완전히 나타나지 않을 수 있고, 나중에는 학습된 전략에 의해 증상이 감춰질 수 있다).

D. 이러한 증상은 사회적, 직업적 또는 다른 중요한 현재의 기능 영역에서 임상적으로 뚜렷한 손상을 초래한다.

E. 이러한 장애는 지적장애(지적발달장애) 또는 전반적 발달지연으로 더 잘 설명되지 않는다. 지적장애와 자폐스펙트럼장애는 자주 동반된다. 자폐스펙트럼장애와 지적장애를 함께 진단하기 위해서는 사회적 의사소통이 전반적인 발달 수준에 기대되는 것보다 저하되어야 한다.

주의점: DSM-IV의 진단기준상 자폐성장애, 아스퍼거 장애 또는 달리 분류되지 않는 광범위성 발달장애로 진단된 경우에서는 자폐스펙트럼장애의 진단이 내려져야 한다. 사회적 의사소통에 뚜렷한 결함이 있으나 자폐스펙트럼장애의 다른 진단 항목을 만족하지 않는 경우에는 사회적(실용적) 의사소통장애로 평가해야 한다.

다음의 경우 명시할 것:
지적 손상을 동반하는 경우 또는 동반하지 않는 경우
언어 손상을 동반하는 경우 또는 동반하지 않는 경우
알려진 의학적·유전적 상태 또는 환경적 요인과 연관된 경우
다른 신경발달, 정신 또는 행동 장애와 연관된 경우
긴장증 동반(정의에 대해서는 다른 정신질환과 관련이 있는 긴장증의 기준을 참조하시오)

## 표 2-2 자폐스펙트럼장애의 심각도 수준

| 심각도 수준 | 사회적 의사소통 | 제한적이고 반복적인 행동 |
|---|---|---|
| 3단계:<br>상당히 많은<br>지원을 필요로<br>하는 수준 | 언어적·비언어적 사회적 의사소통 기술에 심각한 결함이 있고, 이로 인해 심각한 기능상의 손상이 야기된다. 사회적 상호작용을 맺는 데 극도로 제한적이며, 사회적 접근에 대해 최소한의 반응을 보인다. 예를 들어, 이해할 수 있는 말이 극소수의 단어뿐인 사람으로서, 좀처럼 상호작용을 시작하지 않으며, 만일 상호작용을 하더라도 오직 필요를 충족하기 위해서 이상한 방식으로 접근을 하며, 매우 직접적인 사회적 접근에만 반응한다. | 융통성 없는 행동, 변화에 대처하는 데 극심한 어려움, 다른 제한적이고 반복적인 행동이 모든 분야에서 기능을 하는데 뚜렷한 방해를 한다. 집중 또는 행동 변화에 극심한 고통과 어려움이 있다. |
| 2단계:<br>많은 지원을<br>필요로 하는 수준 | 언어적·비언어적 사회적 의사소통 기술에 뚜렷한 결함, 지원을 해도 명백한 사회적 손상이 있으며, 사회적 의사소통의 시각이 제한되어 있고, 사회적 접근에 대해 감소된 혹은 비정상적인 반응을 보인다. 예를 들어, 단순한 문장 정도만 말할 수 있는 사람으로서, 상호작용이 편협한 특정 관심사에만 제한되어 있고, 기이한 비언어적 의사소통이 뚜렷하게 나타난다. | 융통성 없는 행동, 변화에 대처하는 데 극심한 어려움, 다른 제한적이고 반복적인 행동이 우연히 관찰한 사람도 알 수 있을 정도로 자주 나타나며, 다양한 분야의 기능을 방해한다. 집중 또는 행동 변화에 고통과 어려움이 있다. |

| 1단계:<br>지원이 필요한<br>수준 | 지원이 없을 때에는 사회적 의사소통의 결함이 분명한 손상을 야기한다. 사회적 상호작용을 시작하는 데 어려움이 있으며, 사회적 접근에 대한 비전형적인 반응이나 성공적이지 않은 반응을 보인다. 사회적 상호작용에 대한 흥미가 감소된 것처럼 보일 수 있다. 예를 들어, 완전한 문장을 말할 수 있는 사람으로서 의사소통에 참여하지만, 다른 사람들과 대화를 주고 받는 데에는 실패할 수 있으며, 친구를 만들기 위한 시도는 괴상하고 대개 실패한다. | 융통성 없는 행동이 한 가지 또는 그 이상의 분야의 기능을 확연히 방해한다. 활동 전환이 어렵다. 조직력과 계획력의 문제는 독립을 방해한다. |

⊙ 03. 지체장애 및 뇌병변 장애

1. 정의

**1) 장애인 등에 대한 특수교육법**

기능·형태상 장애를 가지고 있거나 몸통을 지탱하거나 팔다리의 움직임 등에 어려움을 겪는 신체적 조건이나 상태로 인해 교육적 성취에 어려움이 있는 사람

**2) 장애인 복지법**

- 한 팔, 한 다리 또는 몸통의 기능에 영속적인 장애가 있는 사람

- 한 손의 엄지손가락을 손가락뼈 관절 이상의 부위에서 잃은 사람 또는

한 손의 둘째손가락을 포함한 두 개 이상의 손가락을 모두 제1손가락 관절 이상의 부위에서 잃은 사람

- 한 다리를 발등 뼈와 발목을 이어주는 관절 이상의 부위에서 잃은 사람
- 두 발의 발가락을 모두 잃은 사람
- 한 손의 엄지손가락 기능을 모두 잃은 사람 또는 한 손의 둘째손가락을 포함한 손가락 두 개 이상의 기능을 잃은 사람
- 왜소증으로 키가 심하게 작거나 척추에 현저한 변형 또는 기형이 있는 사람
- 지체에 위 각 항목의 어느 하나에 해당하는 장애 정도 이상의 장애가 있다고 인정되는 사람

### 3) 뇌병변 장애(장애인 복지법)

뇌성마비, 외상성 뇌손상, 뇌졸중 등 뇌의 기질적 병변으로 인하여 발생한 신체적 장애로 보행이나 일상생활의 동작 등에 상당한 제약을 받는 사람

## ◉ 04. 정서 · 행동장애

### 1. 정의

### 1) 장애인 등에 대한 특수교육법

가. 지적, 감각적, 건강상의 이유로 설명할 수 없는 학습상의 어려움을 지닌 사람

나. 또래나 교사와의 대인관계에 어려움이 있어 학습에 어려움이 있는
　　사람

다. 일반적인 상황에서 부적절한 행동이나 감정을 나타내어 학습에 어려
　　움이 있는 사람

라. 전반적인 불행감이나 우울증을 나타내어 학습에 어려움이 있는 사람

마. 학교나 개인 문제에 관련된 신체적인 통증이나 공포를 나타내어 학
　　습에 어려움이 있는 사람

### 2) 장애인 복지법(정신장애의 정의)

| 구분 | 판정기준 |
| --- | --- |
| 장애의 정도가 심한 장애인 | 1) 조현병 또는 뇌의 신경학적 손상으로 인한 기질성 정신장애로 망상, 환청, 사고장애 및 기괴한 행동 등의 양성증상이 있으나, 인격변화나 퇴행은 심하지 않은 경우로서 기능 및 능력장애로 일상생활이나 사회생활에 간헐적으로 도움이 필요한 사람<br>2) 양극성 정동장애(이러한 현실 상황에서 부적절한 정서 반응을 보이는 장애)에 따른 기분·의욕·행동 및 사고의 장애증상이 심하지는 않으나, 증상기가 지속되거나 자주 반복되는 경우로서 기능 및 능력 장애로 일상생활이나 사회생활에 간헐적으로 도움이 필요한 사람<br>3) 재발성 우울장애로 기분·의욕·행동 등에 대한 우울 증상기가 지속되거나 자주 반복되는 경우로서 기능 및 능력 장애로 일상생활이나 사회생활에 간헐적으로 도움이 필요한 사람<br>4) 조현정동장애로 1)부터 3)까지에 준하는 증상이 있는 사람 |
| 장애의 정도가 심하지 않은 장애인 | 1) 조현병 또는 뇌의 신경학적 손상으로 인한 기질성 정신장애로 망상, 환청, 사고장애 및 기괴한 행동 등의 양성증상이 있으나, 인격변화나 퇴행은 심하지 않은 경우로서 기능 및 능력 장애로 일상생활이나 사회 생활에 경미한 도움이 필요한 사람 |

2) 양극성 정동장애(이러한 현실 상황에서 부적절한 정서 반응을 보이는 장애)에 따른 기분·의욕·행동 및 사고의 장애증상이 심하지는 않으나, 증상기가 지속되거나 자주 반복되는 경우로서 기능 및 능력장애로 일상생활이나 사회생활에 경미한 도움이 필요한 사람

3) 재발성 우울장애로 기분·의욕·행동 등에 대한 우울 증상기가 지속되거나 자주 반복되는 경우로서 기능 및 능력장애로 일상생활이나 사회생활에 경미한 도움이 필요한 사람

4) 조현정동장애로 1)부터 3)까지에 준하는 증상이 있는 사람

5) 지속적인 치료에도 호전되지 않는 강박장애, 투렛장애(Tourette's disorder) 또는 기면증으로 기분·의욕·행동 및 사고의 장애 증상이 심한 경우로서 일상생활이나 사회생활에 수시로 도움이 필요한 사람

## ⊙ 05. 학습장애

### 1. 정의

#### 1) 장애인 등에 대한 특수교육법

개인의 내적 요인으로 듣기, 말하기, 주의집중, 지각, 기억, 문제해결 등의 학습 기능이나 읽기, 쓰기, 수학 등 학업성취 영역에서 현저하게 어려움이 있는 사람

#### 2) 진단 기준(DSM-5, 특정학습장애)

A. 학업 기술을 배우고 사용하는 데 있어서의 어려움. 이러한 어려움에 대한 적절한 개입을 제공함에도 불구하고 아래에 열거된 증상 중 적어도 한 가지가 최소 6개월 이상 지속된다.

1. 부정확하거나 느리고 힘겨운 단어 읽기(예: 단어를 부정확하거나 느리며 더듬더듬 소리 내어 읽기, 자주 추측하며 읽기, 단어를 소리 내어 읽는 데 어려움이 있음)

2. 읽은 것의 의미를 이해하기 어려움(예: 본문을 정확하게 읽을 수 있으나 읽은 내용의 순서, 관계, 추론 또는 깊은 의미를 이해하지 못함)

3. 철자법의 어려움(예: 자음이나 모음을 추가하거나 생략 또는 대치하기도 함)

4. 쓰기의 어려움(예: 한 문장 안에서 다양한 문법적 · 구두점 오류, 문단 구성이 엉성함, 생각을 글로 표현하는 데 있어 명료성이 부족함)

5. 수 감각, 단순 연산값 암기 또는 연산 절차의 어려움(예: 숫자의 의미, 수의 크기나 관계에 대한 빈약한 이해, 한 자리 수 덧셈을 할 때 또래들처럼 단순 연산에 대한 기억력을 이용하지 않고 손가락을 사용함, 연산을 하다가 진행이 안 되거나 연산 과정을 바꿔 버리기도 함)

6. 수학적 추론의 어려움(예: 양적 문제를 풀기 위해 수학적 개념, 암기된 연산값 또는 수식을 적용하는 데 심각한 어려움이 있음)

B. 보유한 학습 기술이 개별적으로 실시한 표준화된 성취도 검사와 종합적인 임상 평가를 통해 생활연령에 기대되는 수준보다 현저하게 양적으로 낮으며, 학업적 · 직업적 수행이나 일상생활의 활동을 현저하게 방해한다는 것이 확인되어야 한다. 17세 이상인 경우 학습의 어려움에 대한 과거 병력이 표준화된 평가를 대신할 수 있다.

C. 학습의 어려움은 학령기에 시작되나 해당 학습 기술을 요구하는 정도가 개인의 능력을 넘어서는 시기가 되어야 분명히 드러날 수도 있다(예: 주어진 시간 안에 시험 보기, 길고 복잡한 리포트를 촉박한 마감 기한 내에 읽고 쓰기, 과중한 학업 부담).

D. 학습의 어려움은 지적장애, 교정되지 않은 시력이나 청력 문제, 다른 정신적 또는 신경학적 장애, 정신사회적 불행, 학습 지도사가 해

당 언어에 능숙하지 못한 경우, 불충분한 교육적 지도로 더 잘 설명되지 않는다.

주의점: 4가지의 진단 항목은 개인의 과거력(발달력, 의학적 병력, 가족력, 교육력), 학교의 보고와 심리교육적평가 결과를 임상적으로 통합하여 판단한다.

부호화 시 주의점: 손상된 모든 학업 영역과 보조 기술에 대해 세부화할 것. 한 가지 이상의 영역에 손상이 있는 경우 다음 세부 진단에 따라 개별적으로 부호화할 것

다음의 경우 명시할 것
읽기 손상 동반:
단어 읽기 정확도
읽기 속도 또는 유창성
독해력

주의점: 난독증(dyslexia)은 정확하거나 유창한 단어 인지의 어려움, 해독 및 철자 능력의 부진을 특징으로 하는 학습장애의 한 종류를 일컫는 또 다른 용어다. 이러한 특정한 패턴의 어려움을 난독증이리고 명명한다면, 독해나 수학적 추론과 같은 부수적인 어려움이 동반되어 있는지 살펴보고 명시하는 것이 중요하다.

쓰기 손상 동반:
철자 정확도

문법과 구두점 정확도

작문의 명료도와 구조화

수학 손상 동반:

수 감각

단순 연산의 암기

계산의 정확도 또는 유창성

수학적 추론의 정확도

주의점: 난산증(ayscalculia)은 숫자 정보 처리, 단순 연산값의 암기와 계산의 정확도와 유창도 문제의 어려움을 특징으로 아는 또 다른 용어다. 만일 이러한 특수한 패턴의 수학석 어려움을 난산증으로 명명한다면, 수학적 추론이나 단어 추론의 정확성과 같은 부수적인 어려움이 동반되었는지 살펴보고 명시하는 것이 중요하다.

현재의 심각도를 명시할 것:

경도: 1가지 또는 2가지 학업 영역의 학습 기술에 있어 악간의 어려움이 있으나 적절한 편의나 지지 서비스가 제공된다면(특히 학업 기간 동안), 개인이 이를 보상할 수 있고 적절히 기능할 수 있을 정도로 경미한 수준이다.

중등도: 1가지 또는 2가지 학업 영역의 학습 기술에 있어 뚜렷한 어려움이 있으며, 그로 인해 학업 기간 동안 일정한 간격을 두고 제공되는 집중적이고 특수화된 교육 없이는 능숙해지기 어렵다. 활동을 정확하고 효율적으로 완수하기 위해서는 적어도 학교나 직장, 집에서 보내는 시간의 일부 동안이라도 편의와 지지 서비스가 제공되어야 한다.

고도: 여러 학업 영역에 영향을 끼치는 학습 기술의 심각한 어려움이 있으며, 그로 인해 대부분의 학업 기간 동안 집중적이고 개별적이며 특수화된 교육이 지속되지 않는다면 이러한 기술을 습득하기 어렵다. 가정, 학교, 직장에서 일련의 적절한 편의와 서비스를 제공받았음에도 불구하고 모든 활동을 효율적으로 수행하지 못할 수도 있다.

## ◉ 06. 의사소통장애

### 1. 정의

#### 1) 장애인 등에 대한 특수교육법

다음 각 목의 어느 하나에 해당하여 특별한 교육적 조치가 필요한 사람

가. 언어의 수용 및 표현 능력이 인지능력에 비하여 현저하게 부족한 사람

나. 조음능력이 현저히 부족하여 의사소통이 어려운 사람

다. 말 유창성이 현저히 부족하여 의사소통이 어려운 사람

라. 기능적 음성장애가 있어 의사소통이 어려운 사람

### 2) 장애인 복지법(언어장애의 정의)

| 구분 | 판정 기준 |
|------|-----------|
| 장애의 정도가 심한 장애인 | 1. 발성이 불가능하거나 특수한 방법(식도발성, 인공후두)으로 간단히 대화가 가능한 음성장애<br>2. 말의 흐름에 심한 방해를 받는 말더듬(SSI: 97%ile 이상, P-FA: 91% 이상)<br>3. 자음정확도가 30% 미만인 조음장애<br>4. 의미 있는 말을 거의 못하는 표현언어지수가 25미만인 경우로서 지적장애 또는 자폐성장애로 판정되지 아니하는 경우<br>5. 간단한 말이나 질문도 거의 이해하지 못하는 수용언어지수가 25미만인 경우로서 지적장애 또는 자폐성장애로 판정되지 아니하는 경우 |
| 장애의 정도가 심하지 않은 장애인 | 1. 발성(음도, 강도, 음질)이 부분적으로 가능한 음성장애<br>2. 말의 흐름이 방해받는 말더듬(SSI: 아동 41~96%ile, 성인 24~96%ile, P-FA 41~90%ile)<br>3. 자음 정확도 30~75% 정도의 부정확한 말을 사용하는 조음장애<br>4. 매우 제한된 표현만을 할 수 있는 표현언어지수가 25~65인 경우로서 지적장애 또는 자폐성장애로 판정되지 아니하는 경우<br>5. 매우 제한된 이해만을 할 수 있는 수용언어지수가 25~65인 경우로서 지적장애 또는 자폐성장애로 판정되지 아니하는 경우 |

## 2. 진단기준(DSM-5)

### 1) 언어장애

A. 언어에 대한 이해 혹은 생성의 결함으로 인해 언어 양식(즉, 말, 글, 수화 또는 기타)의 습득과 사용에 지속적인 어려움이 있으며, 다음 항목들을 포함한다.

1. 어휘(단어에 대한 지식과 사용) 감소

2. 문장구조(문법이나 형태론적 법칙을 기초로 단어와 어미를 배치하여 문장을 만드는 능력)의 제한

3. 담화(주제나 일련의 사건을 설명하거나 기술하고 대화를 나누기 위해 어휘를 사용하고 문장을 연결하는 능력)의 손실

B. 언어 능력이 연령에 기대되는 수준보다 상당히 그리고 정량적으로 낮으며, 이로 인해 개별적으로나 어떤 조합에서나 효율적인 의사소통, 사회적 참여, 학업적 성취 또는 직업적 수행의 기능적 제한을 야기한다.

C. 증상의 발병은 초기 발달 시기에 시작된다.

D. 이러한 어려움은 청력이나 다른 감각 손상, 운동 기능이상 또는 다른 의학적·신경학적 조건에 기인한 것이 아니며, 지적장애(지적발달장애)나 전반적 발달지연으로 잘 설명되지 않는다.

## 2) 말소리 장애

A. 말 소리 내기에 지속적인 어려움이 있고, 이는 언어 명료도를 방해하거나 전달적인 언어적 의사소통을 막는다.

B. 장애가 효과적인 의사소통을 제한하며, 사회적 참여, 학업적 성취, 또는 직업적 수행을 각각 혹은 조합해서 방해한다.

C. 증상의 발병은 초기 발달 시기에 시작된다.

D. 이러한 어려움은 뇌성마비, 구개열, 청력 소실, 외상성 뇌손상이나 다른 의학적 또는 신경학적 조건과 같은 선천적 혹은 후천적 조건으로 인한 것이 아니다.

## 3) 아동기 발병 유창성 장애

A. 말의 정상적인 유창성과 말 속도 양상의 장애로서 이는 연령이나 언어 기술에 비해 부적절하며, 오랜 기간 지속된다. 다음 중 한 가지 이

상이 자주, 뚜렷하게 나타나는 것이 특징이다.

1. 음과 음절의 반복

2. 자음과 모음을 길게 소리내기

3. 단어의 깨짐(예: 한 단어 내에서 머뭇거림)

4. 소리를 동반하거나 동반하지 않는 말 막힘(말의 중단 사이가 채워지거나 채워지지 않음)

5. 돌려 말하기(문제 있는 단어를 피하기 위한 단어 대치)

6. 과도하게 힘주어 단어 말하기

7. 단음절 단어의 반복(예: "나-나-나-나는 그를 본다")

B. 개별적으로나 복합적으로 장애는 말하기에 대한 불안 혹은 효과적인 의사소통, 사회적 참여, 또는 학업적·직업적 수행의 제한을 야기한다.

C. 발병은 초기 발달 시기에 시작된다(주의점: 늦은 발병의 경우 성인기 발병 유창성장애로 진단한다)

D. 장애는 언어-운동 결함 또는 감각 결함, 신경학적 손상(예: 뇌졸중, 종양, 외상)에 의한 비유창성, 또는 다른 의학적 상태로 인한 것이 아니며, 다른 정신질환으로 더 잘 설명되지 않는다.

## 4) 사회적(실용적) 의사소통장애

A. 언어적·비언어적 의사소통의 사회적 사용에 있어서 지속적인 어려움이 있고, 다음과 같은 양상이 모두 나타난다.

1. 사회적 맥락에 적절한 방식으로 인사 나누기나 정보 공유 같은 사회적 목적의 의사소통을 하는 데 있어서의 결함

2. 교실과 운동장에서 각기 다른 방식으로 말하기, 아동과 성인에게 각기 다른 방식으로 말하기, 그리고 매우 형식적인 언어의 사용을 피하는 것과 같이 맥락이나 듣는 사람의 요구에 맞추어 의사소통 방법을 바꾸는 능력에 있어서의 손상

3. 자기 순서에 대화하기, 알아듣지 못했을 때 좀 더 쉬운 말로 바꾸어서 말하기, 상호작용을 조절하기 위해 언어적·비언어적 신호를 사용하기와 같이 대화를 주고 받는 규칙을 따르는 데 있어서의 어려움

4. 무엇이 명시적 기술이 아닌지(예: 추측하기), 언어의 비문자적 또는 애매모호한 의미(예: 관용구, 유머, 은유, 해석 시 문맥에 따른 다중적 의미)가 무엇인지를 이해하는 데 있어서의 어려움

B. 개별적으로나 복합적으로 결함이 효과적인 의사소통, 사회적 참여, 사회적 관계, 학업성 성취 또는 직업적 수행의 기능적 제한을 야기한다.

C. 증상의 발병은 초기 발달 시기에 나타난다(그러나 결함은 사회적 의사소통 요구가 제한된 능력을 넘어설 때까지는 완전히 나타나지 않을 수 있다).

D. 증상은 다른 의학적 또는 신경학적 상태나 부족한 단어 구조 영역과 문법 능력에 기인한 것이 아니며, 자폐스펙트럼장애, 지적장애(지적발달장애), 전반적 발달지연 또는 다른 정신질환으로 더 잘 설명되지 않는다.

# ◉ 07. 시각장애

## 1. 정의

### 1) 장애인 등에 대한 특수교육법

시각계의 손상이 심하여 시각기능을 전혀 이용하지 못하거나 보조공학 기기의 지원을 받아야 시각적 과제를 수행할 수 있는 사람으로서 시각에 의한 학습이 곤란하여 특정의 광학기구·학습매체 등을 통하여 학습하거나 촉각 또는 청각을 주요 수단으로 사용하는 사람

### 2) 장애인 복지법

| 구분 | 판정기준 |
|------|---------|
| 장애의 정도가 심한 장애인 | 좋은 눈의 시력(공인된 시력표를 측정한 것을 말하며, 굴절 이상이 있는 사람은 최대 교정시력을 기준으로 한다. 이하 같다)이 0.06 이하인 사람 |
| | 두 눈의 시야가 각각 모든 방향에서 5°이하로 남은 사람 |
| 장애의 정도가 심하지 않은 장애인 | 좋은 눈의 시력이 0.2 이하인 사람 |
| | 두 눈의 시야가 각각 모든 방향에서 10°이하로 남은 사람 |
| | 두 눈의 시야가 각각 정상 사이의 50퍼센트 이상 감소한 사람 |
| | 나쁜 눈의 시력이 0.02 이하인 사람 |

## ⊙ 08. 청각장애

### 1. 정의

#### 1) 장애인 등에 대한 특수교육법

청력 손실이 심하여 보청기를 착용해도 청각을 통한 의사소통이 불가능 또는 곤란한 상태이거나, 청력이 남아 있어도 보청기를 착용해야 청각을 통한 의사소통이 가능하여 청각에 의한 교육적 성취가 어려운 사람

#### 2) 장애인 복지법

| 구분 | 판정기준 |
|---|---|
| 장애의 정도가<br>심한 장애인 | – 두 귀의 청력손실이 각각 90(dB) 이상인 사람<br>– 두 귀의 청력손실이 각각 90(dB) 이상인 사람 |
| 장애의 정도가<br>심하지 않은<br>장애인 | – 두 귀의 청력손실이 각각 70(dB) 이상인 사람<br>– 두 귀에 들리는 보통 말소리와 최대의 명료도가 50% 이하인 사람<br>– 두 귀의 청력손실이 각각 60(dB) 이상인 사람<br>– 한 귀의 청력 손실이 80(dB) 이상, 다른 귀의 청력손실이 40(dB) 이상<br>  인 사람 |

## ⊙ 09. 건강장애

### 1. 정의

#### 1) 장애인 등에 대한 특수교육법

만성 질환으로 인하여 3개월 이상의 장기입원 또는 통원치료 등 계속적인 의료적 지원이 필요하여 학교생활 및 학업수행에 어려움이 있는 사람

## 2) 장애인 복지법

| 분류 | 판정기준 |
|---|---|
| 신장장애인 | 신장의 기능장애로 인하여 혈액투석이나 복막투석을 지속적으로 받아야 하거나 신장 기능의 영속적인 장애로 인하여 일상생활에 상당한 제약을 받는 사람 |
| 심장장애인 | 심장의 기능부전으로 인한 호흡곤란 등의 장애로 일상 생활에 상당한 제약을 받는 사람 |
| 호흡기장애인 | 폐나 기관지 등 호흡기관의 만성적 기능부전으로 인한 호흡기능의 장애로 일상생활에 상당한 제약을 받는 사람 |
| 간장애인 | 간의 만성적 기능부전과 그에 따른 합병증 등으로 인한 간 기능의 장애로 일상생활에 상당한 제약을 받는 사람 |
| 안면장애인 | 안면 부위의 변형이나 기형으로 사회생활에 상당한 제약을 받는 사람 |
| 장루·요루장애인 | 배변기능이나 배뇨기능의 장애로 인하여 장루 또는 요루를 시술하여 일상생활에 상당한 제약을 받는 사람 |
| 뇌전증장애인 | 뇌전증에 의한 뇌신경세포의 장애로 인하여 일상생활이나 사회 생활에 상당한 제약을 받아 다른 사람의 도움이 필요한 사람 |

## 참고문헌

장애인 등에 대한 특수교육법 (2021). https://www.law.go.kr

장애인복지법 (2021). https://www.law.go.kr

American Psychiatric Association (2015). DSM-5 간편 정신질환진단통계편람
  (권준수 역). 서울: 학지사. (원서출판 2013).

# 3장

# 접수면접의 이해 및 실제

심리치료란 도움을 필요로 하는 내담자와 전문적 훈련을 받은 치료사가 내담자가 지닌 여러 어려움을 해결하고, 과거나 현재의 행동, 생각 및 감정을 조절하고, 변화하며 성장하는 과정을 말한다. 특별히 발달재활 서비스에서의 아동 심리치료의 목적은 아동의 발달을 촉진함으로써 아동의 사회적 적응을 높여 사회의 일원으로 성장할 수 있도록 돕는 것이기에 그 중요성이 매우 크다고 볼 수 있다.

미술재활 서비스를 시작하는 가장 첫 시작은 치료사가 장애아동 및 부모와 처음으로 직접 대면하는 접수 면접이다. 접수 면접은 정보를 수집한다는 면에서 중요성을 가지기도 하지만 치료사와 장애아동 그리고 부모 간의 신뢰를 경험함으로 인해 이후 심리치료 과정을 진행할지 여부를 결정하는 시간이기도 하다. 따라서 접수면접에 임하는 치료사는 초기 라포 형성 뿐 아니라 장애 아동의 특성을 파악하고, 정보를 수집함으로써 앞으로의 치료개입을 모색하는 일이 필요하다. 3장에서는 접수면접을 진행하는 치료사를 위한 접수면접의 실제적인 진행 상황에서 익혀야 하는 기술 및 접수면접 상황에서 파악해야 하는 정보 그리고 접수면접지 작성을 위한 실제 및 접수면접자로서 치료사의 태도 및 역할에 대해 다루고자 한다.

# 접수면접의 이해 및 실제

## ⦿ 01. 접수면접의 이해

　　본격적으로 치료가 시작되기 전 내담자에 대한 정보를 수집하고, 사례를 개념화하는 초기 면접 과정을 접수면접이라고 한다(박태수, 고기홍, 2008). 아동을 대상으로 하는 치료에서 접수면접은 아동의 문제를 해결하고자 하는 부모와 아동 그리고 치료사와의 첫 번째 만남이라고 볼 수 있다. 첫 만남으로서 의미를 가지는 접수면접은 이후 치료의 진행을 결정하게 되는 중요한 시간이기도 하다.

　　접수면접의 주요 목적은 의뢰한 이유, 주호소, 그리고 주호소와 관련된 정보를 얻는 것이다(McGuire & McGuire, 2008). 이 과정에서 주호소를 명료화하고, 아동의 발달을 통합적으로 이해하면서 앞으로의 치료계획을 수립하게 된다. 이러한 이유로 아동을 대상으로 한 치료에서 부모의 참여는 매우 중요하며, 부모와 치료사가 어떤 관계를 형성하는지는 치료과정에도 큰 영향을 미칠 수 있다.

# 1. 접수면접의 진행

## 1) 접수면접의 안내

접수면접은 부모가 기관에 전화로 연락을 하여 일정을 잡는 과정에서부터 시작되는데, 이때 아동에게 치료를 어떻게 소개해야 할지 고민하는 부모가 있다면 이렇게 소개하도록 안내할 수 있다.

──────〈 어린아이의 경우 〉──────

"너와 함께 재미있는 미술놀이를 해 주실 선생님을 만날거야"

──────〈 초등학생 이상의 경우 〉──────

"아빠, 엄마가 보기에 요즘 네가 많이 힘들어 하는 것 같아,
하지만 우리가 그것을 어떻게 도와주어야 할지 막막하구나.
그래서 너의 마음을 잘 살펴주실 선생님을 만나기로 했어.
그 선생님이 너뿐만 아니라 엄마, 아빠한테도 좋은 방법을 알려주실 거야"

## 2) 접수면접을 위한 공간

접수면접을 위해 특별한 공간이 필요한 것은 아니다. 하지만 장애아동의 경우, 주변 자극에 쉽게 민감해지거나 주의력을 잃기 쉽기 때문에, 장애 정도와 특성에 따라 시각적으로 지나친 자극을 줄 만한 재료들이 배치된 공간, 너무 넓거나 너무 좁은 공간은 피하는 것이 좋다(김광웅, 유미숙, 유재령, 2004). 무엇보다 아동이나 부모와의 만남에서 비밀보장이 유지될 수 있는 공간을 마련하는 것은 상담의 윤리 및 내담자의 안전을 보장하는 중요한

원칙이 될 수 있다.

### 3) 아동과 부모 중 누구를 먼저 만나는가

아동 미술치료의 경우 접수면접 시 치료사는 아동과 부모 중 누구를 먼저 만날지, 무엇을 다룰지 고려해야 한다.

#### ① 아동을 먼저 만나는 경우

아동이 부모와 분리가 가능하다면, 아동에 대한 평가를 실시한 후 부모와 면담 시간을 가질 수 있다. 만약 부모 자녀 관계나 또래 관계의 문제 때문에 치료에 의뢰된 아동이라면 아동을 먼저 만나는 것이 좋다. 왜냐하면 부모를 먼저 만나서 사전에 너무 많은 정보를 듣게 되면 아동과 면담할 때 선입견을 가질 수도 있기 때문이다.

#### ② 부모와 아동을 같이 만나는 경우

아동이 부모와 분리가 어렵거나 낯선 사람에 대한 불안이 심한 경우, 어린 연령의 아동이라면 부모와 함께 간단한 미술 활동이나 놀이를 하면서 면담을 할 수도 있다. 이러한 과정을 통해 치료사는 부모 자녀 관계에 대한 이해를 가질 수 있다.

#### ③ 부모를 먼저 만나는 경우

아동이 낯선 곳에 대한 거부나 불안으로 치료사와의 면담이 어려운 경우 부모를 먼저 만나 면담을 하기도 한다. 아동은 부모가 편안하게 치료사와 관계를 맺어가는 모습을 통해 치료사에 대한 두려움과 불안을 극복하는 데 도움을 받을 수 있다.

## 4) 라포형성을 위한 지침

상담의 초기목표는 라포형성이다. 특별히 부모 및 아동과 처음 만나는 접수면접에서 라포형성은 매우 중요하다. Braaten(2013)은 라포 강화를 위해 발달에 따라 다음과 같이 제안하였다.

### ① 일반적인 팁

- 아동의 이름을 부르며 아동을 맞이하고 그 이후 치료사가 자신을 소개한다.
- 어린 아동에게는 편히 앉아 있을 수 있는 시간을 만들어 줄 필요가 있다. 만약 집에서 가져온 것이 있다면 그것을 이용하여 대화를 진행한다.
- 처음에는 "몇 살이니?", 혹은 "애완동물을 키우니?"와 같은 아동이 쉽게 대답할 수 있는 질문들로 시작하는 것이 좋다.
- 개방적, 온정적, 공감, 존중의 태도로 아동에게 반응한다.

### ② 유아기(2.6세~6세)

- 이 연령의 아동이 선호하는 활동이나 장난감에 대해 알고 있다면, 그것에 대한 이야기로 질문을 시작할 수 있다.
- 아동의 현재 정서를 이해하고 아동이 느끼는 것에 따라 적절하게 반응한다.
- 매우 어린 아동이라면 아동이 선택하여 그림 그리기 등의 구조화된 활동하기, 블록이나 찰흙 등의 개방형의 활동을 할 수 있다.

### ③ 학령기(6~12세)

- 이 연령의 아동은 취미, 학교, 방과 후 활동, 친구, 게임 등에 관해 이야기하는 것을 좋아한다.

- 컴퓨터 게임, 장난감 등 이 연령의 아동이 좋아하는 것에 대해 치료사가 알고 있으면 유용하다.
- 이 연령이 이해할 수 있는 비밀유지와 치료규칙을 논의하는 것이 필요하다.
- 아동이 경험한 일을 스스로 말하도록 이끄는 질문을 하는 것이 필요하다.

④ **청소년기(12~18세)**

- 청소년의 감정을 인정하는 것은 중요하다.
- 청소년은 자신을 성숙한 개인으로 대해주는 것을 좋아한다.
- 치료규칙과 비밀유지에 대해 논의한다.

## 2. 접수면접에서 파악하는 내용

접수면접의 중요한 목표는 내담아동의 주호소 및 주호소가 발생하게 된 원인 등을 파악할 수 있는 정보를 모으는 것이다. 이러한 목적에 따라 아동과 부모의 접수면접을 진행하면서 파악해야 할 내용들은 다음과 같다.

### 1) 아동과의 만남

접수 면접을 진행하는 치료사는 아동과의 만남에서 아동의 발달적 특성 및 치료에 의뢰하게 된 주호소의 특성을 파악하게 된다. 이 과정에서 장애 아동은 인지적·언어적 능력이 부족하기 때문에 자유로운 미술 활동, 비언어적인 의사소통 등을 관찰하여 발달 수준 및 특성을 파악한다.

유미숙 외(2021)는 아동 치료에서 초기 면접 시 치료사가 관찰할 수 있는 항목을 제시하였는데, 이를 미술치료사에 맞게 수정하여 소개하였다.

## 표 3-1 초기 면접 시 관찰항목 및 확인 사항

| 상황 | 유목 | 세부관찰 항목 | 정도 | | | 양육자면담 시 확인사항 |
|---|---|---|---|---|---|---|
| 입실 전 | 양육상태 | 옷차림 | □나쁨 □보통 □좋음 | | | 방임, 주의산만, 기질 |
| | | 위생 상태 | □나쁨 □보통 □좋음 | | | 방임 |
| | | 발육 상태 | □나쁨 □보통 □좋음 | | | 방임, 기질 |
| | 신체발달 | 걸음걸이 | □부적절 □적절 | | | 발달, 감각통합 문제 |
| | 사회정서 | 근긴장도 | □긴장 □보통 □편안 | | | 기질 |
| | | 얼굴표정 | □긴장 □보통 □편안 | | | 기질 |
| | | 시선처리 | □나쁨 □보통 □좋음 | | | 기질, 발달 |
| | | 양육자와 분리 시 태도 | □어려움 □보통 □편안 | | | 기질, 애착 |
| 입실 후 | 사회정서 | 입실 시 태도 | □어려움 □보통 □편안 | | | 기질, 주의산만 |
| | | 치료실에 적응하는 정도 | □끝까지 긴장함 | | | 기질 점검 |
| | | | □중간정도에 편안해짐 | | | 기질 점검 |
| | | | □처음에는 긴장했으나 곧 편안해짐 | | | |
| | | | □처음부터 편안함 | | | |
| | | 치료사와 친밀해지는 정도 | □끝까지 긴장함 | | | 기질 및 애착 점검 |
| | | | □중간정도에야 친밀감 표현 | | | 기질 및 애착 점검 |
| | | | □처음에는 긴장했으나 곧 친밀감 표현 | | | |
| | | | □처음부터 친밀감표현 | | | |
| | | 시선처리 | □나쁨 □보통 □좋음 | | | 기질, 감각통합 문제 |

| | | | | |
|---|---|---|---|---|
| 입실 후 | 태도 | 정서 | ☐부정적<br>☐보통<br>☐긍정적 | |
| | | 독립성 | ☐의존성 ☐보통 ☐좋음 | |
| | | 좌절인내력 | ☐부족 ☐보통 ☐좋음 | |
| | | 숙달동기 | ☐부족 ☐보통 ☐편안 | |
| | | 문제해결능력 | ☐부족 ☐보통 ☐편안 | |
| | | 활동량 | ☐과소 ☐적절 ☐과다 | 기질, 주의산만, 불안 등 |
| | | 정서표현 | ☐과소 ☐적절 ☐과다 | 기질, 주의산만, 불안 등 |
| | | 제한설정 시 태도 | ☐수용 ☐위축 ☐반복 | 양육태도, 조절능력 |
| | 그림검사 태도 | 그림검사태도 | ☐소소하게 지시사항 어김<br>☐너무 많은 시간이 소요됨<br>☐질문 시 그림을 덧붙여 그리거나, 대답 내용이 산만해짐<br>☐필압이 강함<br>☐성의없이 금방 그림<br>☐그림의 질이 떨어짐 | 주의산만, 반항장애, 불안 등, 눈-손 협응능력 |
| | 발달 | 수용언어발달 | ☐지연 ☐보통 ☐좋음 | 가정에서의 수용언어 수준 점검, 인지능력 점검 |
| | | 표현언어발달 | ☐지연 ☐보통 ☐좋음 | 가정에서의 표현언어 수준 점검, 조음문제 점검 |
| | | 의사소통 내용 | ☐부적절 ☐적절 ☐좋음 | 인지능력 점검, 주의력 점검, 양육태도(언어자극) |
| | | 말의 속도 | ☐느림 ☐적절 ☐빠름 | |

| | | 말더듬 | ☐나타남<br>☐나타나지 않음 | 긴장 및 불안 정도 점검 |
|---|---|---|---|---|
| | | 소근육 사용<br>적절성 | ☐우수 ☐적절 ☐부적절 | 집착하는 특정 장난감<br>유무, 연령에 적절한 장<br>난감 선택 |
| | | 소근육 사용<br>정도(힘) | ☐과소 ☐적절 ☐과다 | |
| | | 소근육 사용<br>정도(정교함) | ☐지연 ☐보통 ☐좋음 | |
| | | 대근육 사용<br>정도 | ☐지연 ☐보통 ☐좋음 | |
| | | 자세유지 | ☐늘어짐 ☐긴장 ☐적절 | 감각통합 |
| 퇴실<br>후 | 사회정서 | 퇴실 시 태도 | ☐계속 거부하고 퇴실지연<br>☐거부하다가 곧 수용<br>☐미리 종료시간 확인하고<br>먼저 퇴실하려 함<br>☐수용하고 곧 퇴실 | 기질, 조절능력(전환),<br>양육태도 |
| | | 퇴실 후<br>양육자와의<br>만남 | ☐무관심 ☐보통 ☐반김 | 기질, 애착 |
| | | 아동 퇴실 시<br>양육자 태도 | ☐무관심 ☐보통 ☐반김 | 양육태도 |
| 종료<br>후 | 치료사의<br>느낌 | 내담 아동에<br>대한 상담자의<br>느낌 | | |
| | | 양육자에 대한<br>상담자의 느낌 | | |

출처: 유미숙 외 (2021). 놀이치료 관찰 및 실습.

## 2) 부모와의 만남

  접수면접에서 부모의 참여는 매우 중요하다. 이 시간을 통해 현재 부모가 느끼는 아동의 주호소, 부모-자녀 상호작용, 부모의 훈육방식 등에 대한 정보를 얻게 된다. 특별히 장애아동의 경우 타고난 발달상 어려움들을 추론하기 위한 구체적인 탐구가 필요하다. O'Connor와 Amman(2009)은 아동치료에서 부모와의 면담 시 얻어야 하는 정보에 대해 다음과 같이 밝히고 있다.

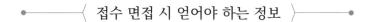

접수 면접 시 얻어야 하는 정보

A. 임신 전

a. 연애/ 결혼사

b. 이 아동 이전에 다른 자녀가 있었는가?

B. 임신

a. 원하던 아기였는지 여부, 계획된 또는 뜻밖의 임신인지의 여부

   (임신을 원하지 않는 것과 아기를 원하지 않는 것은 서로 다르며 구별되어야 함)

b. 기분/ 기대/ 임신 동안 아기에 대한 두려움과 상상

c. 임신기간 동안 신체적 문제 및 그 문제에 대한 양육자의 이해 및 정서적 반응

d. 담배와 처방된 약물을 포함한 약물 혹은 음주

e. 임신기간의 스트레스 요인

f. 임신기간의 지지체계

C. 출산

a. 몸무게, 키, 아기에 대한 첫 기억

b. 분만 시 같이 있었던 사람과 그들의 반응?

　만약 분만 시 배우자가 없었다면 그 이유는?

c. 분만에 걸린 시간? 얼마나 힘들었는지? 분만 시 산모나 아이에게 문제가 있었는가? 이 기간 동안 산모와 아이가 분리되었는가? 다른 양육자가 있었다면 그들의 역할은?

D. 출생 후 1년 (애착, 기본적 신뢰)

a. 주양육자는 누구였는가?

b. 양육자와 아이 관계에서 방해 요소가 있었는가?

c. 아이의 유형

　ⓐ 양육자에 대한 정서적 반응

　ⓑ 진정하고 주의를 기울이고 환경을 탐색하는 능력

d. 양육자의 경험과 아기에 대한 반응성

　ⓐ 부모와 아기가 서로를 알아가는 과정

　ⓑ 연결성에 대한 정서적 경험과 느낌

　ⓒ 양육에 대한 경험 (예: 능숙함 혹은 압도됨)

e. 기관(어린이집 등) 및 그 밖의 분리와 재결합에 대한 반응

E. 1세에서 3세 (안정성/ 자율성/ 탐색/ 제한)

a. 앉기, 걷기, 말하기, 배변훈련과 같은 발달 이정표 (부모가 이것을 기억하지 못한다면 이 사실에 주목하라)

b. 발달 지연은 이 시기에 뚜렷해질 수 있다. 주목할 점이 있었는가?

c. 양육자는 배변훈련과 제한설정을 어떻게 했는가?

d. 배변훈련과 제한설정에 대한 아동의 반응은 어떠했는가?

e. 걸음마기 유형

　　ⓐ 진정되는 능력

　　ⓑ 애정을 추구하고 수용하는 데 대한 적극성

　　ⓒ 환경 탐색에 대한 편안함

f. 관계와 관련된 양육자의 경험

g. 기관(어린이집 등)에의 분리와 재결합에 대한 반응

h. 형제와의 관계

i. 확대가족과의 관계

F. 3세에게 5세까지(주도성/ 가족관계)

a. 양육자와의 관계- 아동이 삼자관계 및 가족관계에 대처하는 방식

b. 형제관계

c. 유치원 적응 시 분리와 재결합에 대한 반응

d. 또래관계

G. 5세에서 11세(학업 및 사회적 능력)

a. 학교 적응에 중점을 둔 학업 및 행동

b. 사회생활력-친한 친구, 또래와 지낼 때 문제점 등

c. 가족관계

H. 12세에서 18세(자기 정체성)

a. 또래관계

b. 권위자와의 관계

c. 가족관계

d. 약물이나 알코올 사용 및 남용

e. 반사회적 행동(예: 거짓말, 도벽, 성적 부적절 행위)

출처: O'Connor & Ammen (2009). 놀이치료 치료계획 및 중재.


## ◉ 02. 접수면접지 작성의 실제

접수면접 시 정보를 얻기 위해 필요한 자원은 접수 질문이다. 만약 접수면접지를 통해 정보를 얻을 수 있다면 대면으로 진행하는 질문보다 부모에게 덜 부담이 될 수 있으며 다른 방법으로 구하기 어려운 정보를 얻을 수도 있다. 초기 치료과정 동안 작성된 접수면접지는 유용한 참고자료가 될 수 있으며, 질문지의 사용을 통해서 더 많은 정보를 얻을 수도 있고, 아동에 대해 명확히 이해하게 되면서, 관계도 강하게 지속될 수 있다(McGuire & McGuire, 2008). 다음은 접수면접지에 포함되는 질문을 항목별로 제시하였다.

## 1. 내담아동 정보 및 가족 사항

| 아동이름 | | (남, 여) | 생년월일 | | (만 세 월) |
|---|---|---|---|---|---|
| 학교/기관 | | | 연락처 | | |
| 주소 | | | | | |
| 관계 | 성명 | 연령(만) | 학력 | 직업 | 종교 | 월수입 | 기타 |
| | | | | | | | |

　　내담아동 정보는 인적사항을 말한다. 인적사항의 작성은 부모의 특성을 이해하는 데 도움이 된다. 어떤 경우, 부모 중 자녀의 이름이나 학교에 대한 정보를 적지 않는 경우가 있거나 기록이 남는 것을 불편하게 여기고 빈칸으로 남겨두는 경우 등이 있는데 이를 통해 부모의 특성을 이해하는 계기가 되기도 한다(박현주, 2019). 만약 공란으로 남겨두었다면 그 이유를 물어보면서 정보를 보충할 수도 있으며, 기록을 지나치게 예민하게 보는 부모라면 신뢰감에 더 신경을 쓰는 것이 좋다.

## 2. 주호소

| | 내용 | 언제부터 | 대처방법 |
|---|---|---|---|
| 1<br>2<br>3<br>4 | | | |
| 지금 방문한 이유: | | | |

주호소 탐색은 장애아동 부모가 경험하는 현재의 어려움을 표현하는 것으로 치료의 주요한 목표가 될 수 있다. 이때 현재 느끼는 어려움이 무엇인지에 대해 명확하게 파악하는 것은 매우 중요하며, 그 문제가 나타난 시기를 살펴보는 것은 문제에 대한 심각도 및 예후를 이해하는 데도 중요한 방법이다. 그와 더불어 그 문제에 대한 양육적 대처를 알아보는 것은 앞으로 부모에게 어떤 양육적 도움을 주어야 하는지에 대한 정보가 될 수 있다. 마지막으로 지금 방문한 이유는 결정적으로 치료를 결심하게 된 계기를 이해하게 하며, 치료의 동기 및 치료를 통한 변화 기대를 이해하게 한다.

## 3. 이전 상담 및 치료사항

| 시기<br>(연령) | 기관명 | 진단 | 교육 및 치료여부 | 기간 |
| --- | --- | --- | --- | --- |
|  |  |  |  |  |

접수면접 시 장애 아동의 현재 혹은 이전 치료 및 치료 진행에 대한 정보를 수집하는 것은 그간 장애아동에게 어떤 치료적 개입이 시행되었고 어떤 변화를 경험했는지를 파악하게 한다. 또한 현재 장애아동의 주호소에 적합한 치료적 개입이 진행되고 있는지를 살펴보기 위해 필요한 정보가 될 수 있다. 장애아동의 경우, 다양한 치료영역이 병행되는 경우가 많기 때문에 이러한 정보를 알게 된다면 치료 과정에서 나타나는 내담아동의 문제에 대해 진행되는 다른 치료 분야와의 공동대처를 모색할 수 있다.

# 4. 생육사

| (1) 결혼 | |
|---|---|
| 결혼년도 | |
| 교제유형 및 교제 기간 | 중매　　연애　　중매+연애 |
| (2) 임신 | |
| 약복용 유무 | |
| 입덧 유무 | |
| 심리상태 | |
| 계획된 임신 여부 | |
| 임산에 대한 반응 | |
| (3) 출생 | |
| 산모연령 | |
| 임신기간 | |
| 분만상태 | |
| 신생아 체중 | |
| 산호호흡기 및 인큐베이터 사용유무 | |
| 황달유무 | |
| (4) 수유 및 식사 | |
| 수유방법 | |
| 이유식 | |
| 식습관 | |

| (5) 대소변훈련 | | |
|---|---|---|
| 대변 | | |
| 소변 | | |
| (6) 수면 및 활동 | | |
| 보챘음 | | |
| 잠버릇 | | |
| 활동량 | | |
| (7) 병력 | | |
| 고열 및 경기유무 | | |
| 질환 유무 | | |

생육사는 부모의 결혼부터 아동의 출생 및 출생 이후 양육과정에서 나타난 아동의 특성을 파악하기 위한 내용들로, 장애아동은 생육사에 대한 정보를 통해 장애에 대한 원인 및 현재의 어려움을 파악할 수 있기 때문에 무엇보다 중요한 정보라고 볼 수 있다. 또한 현재 아동의 발달 상황을 이해하는 데도 도움이 될 수 있으므로 부모와의 면담 과정에서 생육사에 대한 정보를 꼼꼼히 얻으려고 노력해야 한다. 간혹 부모 중 생육사와 관련한 정보를 기억하지 못하는 경우가 있다. 이럴 경우 정확한 정보는 아니더라도 그때의 느낌, 예를 들어 "또래하고 비교했을 때 어떻다고 생각하시며 양육하셨나요?", "그 부분에 대한 부모님의 느낌은 어떠셨나요?"등으로 정보를 수집할 수 있다.

## 5. 발달사 및 교육사

| (1) 신체발달 | | | |
|---|---|---|---|
| 목가누기 | | 기기 | 개월 |
| 걷기 | | 숟가락질하기 | 개월 |
| 옷벗기 | | 옷입기 | 개월 |
| (2) 언어 및 인지발달 | | | |
| 옹알이 | | | |
| 첫말단어 | | | |
| 현재 언어발달 | | | |
| 인지발달 | | | |
| (3) 사회 및 정서발달 | | | |
| 눈맞춤 및 낯가림 | | | |
| 엄마와의 분리반응 | | | |
| 좋아하는 활동 | | | |
| 성격 | | | |
| 부모와의 관계 | | | |
| 형제와의 관계 | | | |
| 또래와의 관계 | | | |

| 기타관계 | | | | |
|---|---|---|---|---|
| **(4) 교육사** | | | | |

| | | 연령 | 내용 | 아이반응 | 대처반응 |
|---|---|---|---|---|---|
| 학령전 교육 | | | | | |
| | 교육기관의 아이에 대한 반응 | | | | |
| 초등학교 | 잘하는 과목 | | | | |
| | 못하는 과목 | | | | |
| | 학년별 성적 | | | | |
| | 공부태도 | | | | |
| | 교육기관의 아이에 대한 반응 | | | | |
| 과외활동 | 시기 | 내용 | | 아이반응 | 대처반응 |
| | | | | | |

발달사 및 교육사는 아동이 발달 과정에서 나타나는 발달영역별 특징 및 실제 소속된 기관이나 학교 등의 사회적 상황에서의 특성을 파악할 수 있는 것으로, 이를 통해 아동의 발달 영역별 특성 및 현 사회적 환경에서의 발달 및 적응도를 이해할 수 있는 정보가 될 수 있다.

## ◉ 03. 접수면접자의 태도 및 역할

### 1. 접수면접자의 태도

부모는 장애 자녀로 인한 고통과 불편, 장애를 받아들여야 하는 심리적 고통 등 다양한 정서적 어려움을 가지고 있다. 따라서 접수면접자는 부모의 심리적 상태를 수용하고 이해하는 자세와 아동에 대해 보다 전문적이고 신뢰로운 자세를 보여야 한다. 치료사의 이러한 태도는 내담자로 하여금 접수면접에서 자신이 처한 상황을 솔직하게 이야기하고, 스스로 문제를 해결하는 방법을 찾아가도록 존중, 공감, 진실성을 느끼게 하는 과정이 된다.

### 2. 접수면접자의 역할

치료사는 접수면접을 통해 내담아동 및 부모에게 상담의 과정을 잘 이해할 수 있도록 도와야 한다. 왜냐하면 일반적으로 치료에 대해 실망하는 가장 큰 이유는 치료에 대한 정확한 인식이 부족하기 때문이다. 부모는 치료를 마치 '마술'처럼 생각하면서 치료만 받으면 내담자의 모든 고민이 쉽게 해결될 것이라고 믿는다. 이러한 과도한 기대는 자칫 치료에 대한 실망으로 이어진다. 따라서 내담자가 처음 치료사와 만나는 과정인 접수 면접에서 치료에 대한 잘못된 이해가 있다면 바로 잡아야 한다. 예를 들어, 접수면접을 할 때 치료에 대한 정확한 설명이 이루어지지 않는다면 치료에 대해 '전혀 도움이 안된다', '해도 소용없다'라는 인식을 갖게 할 수 있다. 따라서 접수 면접자는 앞으로 치료가 어떻게 진행되고 종결될 것인지에 대해 쉽게 이해할 수 있도록 안내해야 한다(O'Connor & Amman, 2009).

특별히 아동 치료에서 아동은 부모의 결정에 따라 치료에 임하기 때문에 치료 동기가 매우 낮다. 치료사가 첫 시간에 어떤 분위기를 조성하느냐에 따라 아동이 치료를 이해하고 치료사와의 관계를 다르게 형성하게 된다. 따라서 아동과 신뢰관계를 형성할 수 있는 여부는 치료사의 역할에 달려있다. 이를 위해 내담아동이 어느 정도의 치료 동기를 가지고 있는지 확인하는 것이 필요하다. 아무래도 치료 동기가 높다면 치료사와 관계를 형성하기가 용이해지며 이후 치료과정을 진행하는데 어려움이 덜할 수 있다.

## 3. 접수면접 시 주의사항

접수면접이라는 정해진 시간 안에 부모의 기대를 충족시키는 일은 쉽지 않다. 따라서 접수면접 전후로 시간을 여유있게 확보해야 할 필요가 있다. 실제로 치료사는 접수면접을 진행하는 동안 해야 하는 일들이 너무 많기 때문에 치료 시간이 부족하다고 느낄 수 있다. 따라서 부모와 아동에게 치료를 시작하기 전에 주어진 시간을 알려줄 필요가 있다. 접수면접에 대한 한계를 시작 전에 명확하게 전달해 주면 부모가 자신이 해야 할 이야기를 안배하여 효율적으로 말할 수 있다.

또한 접수면접을 진행하다 보면 부모들 중 주호소에 대한 걱정에 대해 상담자의 공감을 받고 싶어하며 거기에 머무르려 하는 경우도 있다. 접수면접은 부모의 마음을 공감하는 시간이기도 하지만 내담 아동을 이해하기 위한 정보를 수집하는 것도 중요하기 때문에, 치료사는 부모에게 "부모님이 현재 어떤 마음인지 더 듣고 싶습니다. 그러나 이 시점에서 전체적인 그림을 더 잘 이해하는 데 도움이 될 만한 몇 개의 질문을 하고 싶습니다(McGuire & McGuire, 2008)"라고 말할 수 있다.

## 4. 개인정보 수집 및 이용 동의서

접수면접을 시작하기 전 부모나 보호자에게 접수기록지 및 「개인정보 보호법」에 의거한 개인정보 수집 및 이용에 관한 내용이 담긴 동의서를 작성하도록 한다. 이는 치료에 대한 사전 동의 과정으로, 내담자가 치료 과정에 대한 정보와 설명을 이해하게 된 이후, 참여 여부를 결정하는 과정이다(유미숙, 이영애, 박현아, 2022). Corey 외(1998)는 치료사는 내담자에게 중요한 정보를 알려줄 의무가 있다고 밝히면서, 정보에는 절차, 한계, 목표, 혜택, 예견되는 결과, 잠재적 위험 등이 포함된다고 하였다. 또한 APA의 심리학자 윤리원칙 및 행동강령(The Ethical Principles of Psychologists and Code of conduct of the APA, 1995)에서는 내담자는 치료에 동의할 수 있는 능력이 있으며, 치료에 대한 주요 정보들을 제공받고 이에 대한 이해가 있어야 된다고 명시하고 있다. 이와 더불어 내담자는 아무런 강요 없이 치료에 대한 동의 여부를 표현해야 하며 이러한 동의는 적절한 방식으로 문서화 되어야 한다고 밝히고 있다. 이러한 지침에 따라 기관에서 사용할 수 있는 개인정보 수집 및 이용 동의서를 제시하였다.

**개인정보 수집 및 이용동의서의 예**

●━━━━⟨ 정보 수집 및 이용동의서 ⟩━━━━●

1. 개인정보의 수집 및 이용 목적

　**(기관명)을 이용하는 동안 상담 및 심리검사에 필요한 내담자의 인적 사항(이름, 성별, 생년월일, 주소, 전화번호, 교육기관, 가족사항, 생활사(발달, 양육, 교육내용), 상담관련정보(상담이유, 타기관 상담경험, 상담에서 얻고자 하는 것) 등의 개인정보를 수집하여 상담지원 업무 전반에 개인정보를 이용하고자 합니다.

2. 수집하려는 개인정보의 항목

　1) 일반정보: 이름, 성별, 생년월일, 주소 등

　2) 사회정보: 아동 정보(학교와 학년), 부모 정보(이름, 나이, 학력 전공, 직업,
　　　종교, 성격) 등

　3) 통신정보: 연락처(집, 휴대전화)

3. 개인정보의 보유 및 이용기간

| 개인정보 수집 및 이용에 동의하십니까?<br>수집된 개인정보는 본 수집 및 이용 목적 외 다른<br>목적으로 사용되지 않습니다. | 동의함 | 동의하지 않음 |
|---|---|---|
| 고유식별정보 처리에 동의하십니까?<br>수집된 고유식별정보는 내담자 구분, 센터 정보<br>처리 및 운영 등에 활용됩니다. | 동의함 | 동의하지 않음 |

이와 관련된 개인 정보를 **(기관명)에 제출하며, 「개인정보 보호법」 「동법 시행령」 「동법 시행규칙」에 의거하여 본인의 개인정보를 위와 같이 수집하고 이용하는데 동의합니다. 정보 이용 동의 거부 시 상담에 일부 제한이 있을 수 있습니다. 동의일로부터 상담 종료 후 5년간 보유 및 이용합니다. 이용 기간 경과 후 자체 폐기합니다.

20 　년　　　　월　　　　일

내담자:　　　　(서명)

보호자:　　　　(서명)

기관명

# 참고문헌

강갑원 (2012). 상담심리학 이론과 실제. 서울: 양서원.

강문희, 손승아, 안경숙, 김승경 (2008). 아동상담. 서울: 교문사.

김광웅, 김화란 (2009). 놀이로 이해하는 우리 아이 처음 만나는 놀이치료. 서울: 학지사.

김광웅, 유미숙, 유재령 (2004). 놀이치료학. 서울: 학지사.

김충기, 강봉규 (2001). 현대상담이론과 실제. 서울: 교육과학사.

노안영, 송현종 (2006). 상담실습자를 위한 상담의 원리와 기술. 서울: 학지사.

박태수, 고기홍 (2008). 개인상담의 실제. 서울: 학지사.

박현주 (2019). 아동을 위한 접수상담. 서울: 학지사.

유미숙, 이영애, 박현아 (2021). 놀이치료 관찰 및 실습. 서울: 학지사.

조수철, 신민섭, 김붕년, 김재원 (2011). 아동 청소년 임상면접. 서울: 학지사.

현정환 (2009). 아동상담. 서울: 창지사.

Braaten, E. (2013). 보고서 작성 핸드북(아동 청소년 임상가를 위한) (이은정, 정철호, 이종한 역). 서울: 시그마프레스. (원서출판 2007).

Corey, G., Corey, M. S., & Callanan, P. (1998). *Issues and ethics in the helping profrssions* (5th ed.). Pacific Grove, CA: Brooks/Cole.

Greenspan, S. I. (1991). *The Clinical interview of the child.* Washington, DC: American Psychiatric Press.

McGuire, D. K., & McGuire, D. E. (2008). 놀이치료에서의 부모상담 (김광웅, 강은주, 진화역 역). 서울: 시그마프레스. (원서출판 2001).

O'Connor, K. J., & Ammen, S. (2009). 놀이치료 치료계획 및 중재 (송영혜, 금은경, 김귀남 역). 서울: 시그마프레스. (원서출판 1997).

Sherry C., & Harold H. (2005). *Counseling Strategies and Interventions.* New York: Pearson.

# 사례개념화

미술치료를 처음 시작할 때 치료사는 장애아동이 호소하는 어려움의 원인을 파악하고 이를 위한 치료목표를 설정하면서 다양한 치료기법과 전략을 구성하게 된다. 많은 초보 치료사들이 이러한 사례개념화의 과정이 어렵다고 느끼지만, 사례개념화는 장애아동의 문제를 정확히 평가하고 치료개입 방향을 구체적으로 안내하는 좌표의 기능을 하기 때문에 임상 현장에서 실제 치료적 개입에 도움이 될 뿐만 아니라 사례의 깊이를 더하게 한다.

지금까지 성인 내담자를 대상으로 한 사례개념화는 충분히 다루어져 왔기 때문에, 성인 내담자를 위한 사례개념화 자료는 쉽게 접할 수 있지만 아동이나 장애아동을 대상으로 사례개념화를 진행하는 데 필요한 자료 준비나 연구들이 충분히 이루어지지 않았다. 아동이나 장애아동을 위한 사례개념화는 성인 내담자를 대상으로 한 사례개념화와 유사한 방식을 따르지만, 성장하고 있는 아동과 장애아동의 다양한 발달적인 측면에 대한 이해뿐만 아니라 환경적인 요인에 대해서도 충분히 고려해야 한다는 차이점이 있다. 따라서 4장에서는 기본적인 사례개념화에 대한 설명을 다루면서 장애아동을 대상으로 사례개념화를 진행해야 할 때 고려해야 하는 사항과 더불어 사례개념화의 이론적 입장 및 실제 사례개념화를 어떻게 작성하는지를 기본적인 사례개념화 틀을 토대로 이해해 보고자 한다.

# 사례개념화

## ⦿ 01. 사례개념화의 이해

### 1. 사례개념화의 정의

미술치료를 실시하고 임상자료를 정리할 때, 일반적으로 미술치료사들이 가장 어려워하는 부분 중 하나가 사례개념화(case conceptualization)이다. 미술치료사는 임상현장에서 내담자와 관련된 다양한 정보를 수집하고 이를 체계화하고 통합하여 사례를 이해하게 된다. 아동에 대한 다양한 정보를 수집하고 치료 계획을 수립하는 과정은 치료사의 임상 경력이 증가할수록 숙달된다. 그동안 사례개념화에 대해서는 청소년 및 성인 내담자를 대상으로 그 개념과 구성요소를 설명하는 연구들이 어느 정도 진행되어 왔으나, 아동 내담자를 대상으로 한 연구는 부족하였다(Winters, Hanson, & Stoyanova, 2007). 그렇기 때문에 임상현장에서 아동이나 장애아동을 대상으로 사례개념화를 진행하는 데 있어 어려움이 있다.

사례개념화에서는 내담 아동이 겪고 있는 어려움에는 특별한 이유가 있다고 본다(Manassis, 2014). 따라서 아동이 보이는 '현재의 주호소가 왜 발생했는지'에 대한 가설을 세울 때 아동의 발달적 배경과 함께 취약성, 위험 요인 및 보호 요인과 관련된 모든 정보를 종합하여 검토 및 요약해야 한다(Ras-mussen & Storebo, 2018). 사례개념화(case formulation)는 미술치료사가 접수 면접과 내담자의 행동 관찰, 심리검사 등을 통해 얻게 된 내담자에 대한 정보를 전체적으로 취합해서 아동에 대한 이해와 문제해결을 하기 위한 접근이다. 이것은 이후 미술치료사가 얻은 내담 아동과 관련된 정보를 토대로 내담자의 주호소의 성격과 원인에 대한 이론적 설명으로 일련의 가설(working hypothesis)을 세우는 것이다. 또한 내담자의 심리 역동, 발달사, 가족관계 등이 현재의 주호소에 어떻게 영향을 주는지 이해하고 통합하여 내담 아동에게 어떠한 도움을 줄지 탐색하고 정리하는 작업과정이다.

즉, 사례개념화는 일회적이고 단정적인 것이 아니라 잠정적이고 연속적인 설명, 혹은 추론을 뜻한다. 이러한 사례개념화는 치료가 진행됨에 따라 얻게 되는 추가적인 정보를 보완하여 지속적으로 가설을 수정해나가는 작업으로 내담자 문제의 성격과 원인을 정확하게 이해하고 효과적인 개입전략의 모색을 돕는 데 그 목적이 있다. 대개 사례개념화를 할 때 미술치료사는 내담 아동의 문제와 관련된 긍정적인 요인을 찾기보다 부정적인 요인을 탐색하는 데 집중하지만, 치료사는 아동에게 있는 다양한 긍정적 자원을 찾는 것이 매우 중요하다는 것을 기억해야 한다.

이러한 과정을 통해 미술치료사는 내담자가 어느 정도 심각한 어려움을 가지고 있는지 이해하고 이와 관련된 여러 요인을 확인하고 어떻게 치료를 진행할지 결정하여 내담자의 핵심문제와 부차적인 문제를 식별하도록 한다. 사례개념화는 마치 치료를 이끄는 청사진이자 내담자의 변화를 판단할 기준이 된다. 또한 사례개념화는 치료의 방향을 알려주는 좌표 역할을 하며 효율적인 치료적 개입을 돕는다(이명우, 2017). 사례개념화를 위해서 미술치료사는 문제의 기저에 있는 내담아동의 심리적 역동과 행동을 이해하기 위한 상담이론을 숙지하여 치료를 진행하게 된다. 상담이론을 통해 치료사는 내담자와 그들의 문제를 더 넓고 포괄적인 맥락에서 바라볼 수 있게 되는데, 마치 치료과정에서의 지도처럼 특별한 관점을 제공한다(Gehart, 2019). 이와 같이 사례개념화는 치료사가 내담자를 이해하기 위해 수립한 상담이론을 정교하게 만들어 이론과 실제가 치료장면에서 이어지도록 한다(이명우, 2017).

## 2. 장애아동 대상 사례개념화 고려사항

아동을 대상으로 사례개념화를 할 때 일반 아동발달에 있어서 인지, 정서, 사회성 등 각 발달단계의 발달과업과 더불어 아동심리발달에 관한 기본적인 이해를 가지고 있어야 한다(Manassis, 2014). 이는 장애아동 대상 사례개념화에도 동일하게 적용되며, 특별히 다양한 장애에 대한 이해와 더불어 장애아동의 심리정서 및 심리사회적 관점에 대한 이해가 필요하다. 미술치료사는 장애아동이 다양한 발달단계에서 무엇을 경험하고 어떻게 사고하며 정서적으로 요구되는 것이 무엇인지 기본적으로 이해하고 더 나아가 일반 아동과의 차이점에 대해 숙지하는 것이 매우 중요하다. 또한 아동은 연령이 어릴수록 환경에 영향을 더 많이 받기 때문에 중요한 관계 및 아동을 둘러싼 환경의 영향에 초점을 두고 다양한 정보를 수집해야 하며, 이후 학령기에는 또래 및 학교와 같은 사회적 관계에 대한 정보를 얻는다. 아동이나 청소년은 자신의 어려움에 대해 이야기 할 수 있으므로, 아동 혹은 청소년이 직접 이야기하는 주호소를 확인하는 것도 필요하며 내담 아동의 주호소를 발달적인 맥락에서 이해할 때 미술치료사는 이후 발달에 있어서 발생할 수 있는 문제에 대해 예측하고 필요한 도움을 제공할 수 있다.

한편 장애아동은 지속적인 성장 및 발달과정 중에 있기 때문에 사례개념화의 초점이 달라질 수 있다. 또한 아동의 발달 영역 간에는 발달 수준에서 차이가 있을 수 있고 이는 사례 개념화의 초점이 시간이 흐르면서 성장 및 변화하는 아동의 성숙, 환경적 요인, 그리고 추가된 정보에 따라 달라질 수 있다는 것을 의미한다(Winters, 2007).

## 3. 사례개념화의 이론적 입장

치료사는 사례개념화를 위해 자신이 어떤 이론을 근거해서 사례를 볼 것인지, 하나의 이론을 가지고 사례를 볼 것인지, 여러 이론을 사용하여 사례를 이해하는지를 밝힌다.

### 1) 단일이론 접근

치료사는 내담자를 이해하기 위해 내담자의 행동을 특정 지식의 이론적 기초와 연결하게 된다(이윤주, 2016). 치료사가 사례에 하나의 이론을 적용하여 사례개념화를 하는 것을 단일이론 접근이라고 한다. 치료사는 이론에서 설명하는 개념을 토대로 사례를 이해하려고 하기 때문에 이론적 입장을 우선시 한다.

정신역동적 접근에서는 내담자의 문제의 원인을 내적 갈등으로 보고 이와 관련된 과거 경험을 연결시키려고 하고, 인지행동적 접근에서는 문제를 지속시키는 내담자의 역기능적 신념과 사고에 초점을 둘 것이다. 그 외 행동주의적 접근에서는 수정되어야 할 특정 행동 및 그 행동과 관련된 선행 및 후행 자극에 초점을 두고, 생리심리학적 접근에서는 생리, 심리, 사회문화적 측면을 모두 고려할 것이다.

## 2) 통합적 접근

　대개 치료사들은 개인적으로 선호하는 상담이론을 기반으로 하여 내담
자를 이해하고 이를 바탕으로 치료계획을 마련한다. 그러나 최근 들어 다양
한 이론적 접근이 이루어지고 있으며, 어느 정도 치료 경력을 갖춘 치료사
들은 이론적 기반에 상관없이 공통적인 임상적 판단을 내리고 의사 결정 양
상을 보인다고 하였다(Kealy, Goodman, Rasmussen, Weideman, & Ogrodniczuk,
2017). 이러한 이유로 사례개념화에서도 치료사가 선호하는 이론보다는 내
담자의 주호소를 가장 명확하게 설명할 수 있고 내담자에게 보다 적합한 이
론적 접근을 통합하는 통합적 관점을 취하고 있다. 통합이란 여러 다른 접
근을 하나의 이론적 틀로 묶는 것을 의미하고 통합적 접근은 단일이론 접근
의 단점을 보완하는 접근이다.

## ◉ 02. 사례개념화의 실제

### 1. 사례개념화를 위한 자료정리

| | |
|---|---|
| 1. 연령 및 성별(적절한 발달 과정) | |
| 2. 주호소 | |
| 3. 기질적 특성 | |
| 4. 그림에서 나타나는 특징 | |
| 5. 발달 과정 중 결핍된 부분 | |
| 6. 강점 | |

| 7. 환경적 요인 | 유발 요인: |
| | 지속요인: |

## 2. 사례개념화 작성하기

사례개념화를 작성 시 다음과 같은 형태로 작성할 수 있다. 첫 문단은 아동의 간단한 인적사항과 주호소를 정리해서 기술한다. 만약 아동에게 진단명이 있거나 장애 진단 범주에 해당하는 것이 있다면 이를 기술한다. 다음 문단은 내담 아동의 주호소를 촉발한 요인과 지속 요인을 기술하되 첫째, 생물학적, 기질적 요인, 둘째, 주 양육자의 양육 태도, 셋째, 그 외 다른 환경적 요소 순으로 기술하도록 한다. 두 번째 문단에서는 생물학적, 기질적 요인부터 환경적 요인의 정보를 상담이론의 관점에서 종합하여 기술하도록 한다. 마지막 문단은 내담 아동과 그 가족이 지닌 강점에 대해 기술한다.

예)

본 아동은 7세 여아로 자폐스펙트럼장애 진단을 받았다. 내담 아동은 다른 사람을 쳐다보거나 듣지 않고, 다른 아이들에게 관심을 보이지 않고 규칙을 지키지 못한다. 감각이 과민하고 자기 자극 행동 및 행동이 서투른 행동 특성을 보인다.

이에 대한 원인을 다음과 같이 정리할 수 있다. 1) 생물학적, 기질적 요인, 2) 주 양육자의 양육태도, 3) 그 외 다른 환경적 요소를 순서대로 기술하고 이 요인 간의 관계를 종합 기술한다. 그러나 내담 아동은(강점), 또한 양육자인 모와 부의(강점)이 추후 치료에 도움이 될 것이라 판단된다.

## 3. 상담목표 세우기

상담목표의 예는 다음과 같이 기술할 수 있다.

⑴ 아동 대상 목표

· 현재의 감각 상태를 지속시키는 미술 매체를 활용하여 감각 조절을 증진시킨다.

· 미술 작업을 통하여 자기 인식을 높이고 유연성 및 사회적 행동을 증진시킨다.

· 사회성 관련 기술과 규칙 지키기, 기다리기 행동을 증진시킨다.

⑵ 양육자 대상 목표

· 자폐스펙트럼장애 행동 특성 및 아동에 대한 이해를 증진시킨다.

· 과민한 감각 행동 특성 및 충동적인 행동에 적절히 대처하는 방법을 알고 이를 훈육에 적용하도록 한다.

## 4. 평가보고서 작성법 이해 및 실습

각 학회나 기관 및 슈퍼비전에서 사용하는 사례보고서 양식은 다를 수 있지만 공통적으로 사용하는 기본적인 틀은 유사하다. 또한 슈퍼비전을 위해 치료사는 상담사례 보고서를 작성해야 하고 자신의 사례 보고서는 슈퍼비전을 받기 위해 준비하는 양식이므로 미술치료사는 상담 내용을 형식에 맞추어 보고할 수 있는 역량을 갖추어야 한다. 전문 치료사로 성장하기 위해서는 보고서 작성양식을 숙지하고 있어야 하는데, 기본적인 상담사례 보고서 양식은 내담자에 대한 기본 정보와 내담자 문제의 이해, 치료목표 및 전략, 치료 내용 회기별 요약을 포함한다.

치료사가 자신의 사례를 슈퍼비전 받기 위해 준비해야 하는 전체 치료사례 보고서 양식을 기준으로 각 항목에 기술되어야 하는 기본 사항과 항목, 세부 내용을 포함하면 다음과 같다.

---

### ( ........ ) 아동의 ( ........ ) 개선을 위한 미술치료

○ ○ ○ (소속)

## I. 내담자에 대한 기본 정보

### 1. 내담자 인적사항 및 특성

내담자가 사회적으로 제공하는 정보를 기록하되 발달사나 가족사항, 주호소 문제, 사례개념화 등과 중복되지 않도록 요약적으로 서술한다(나이, 직업 등 인적사항, 내담자 인상, 체격, 말이나 행동 특성 등).

### 2. 의뢰경위 및 상담배경

어떤 경로로 의뢰되었는지(자발적, 어떻게 상담을 신청하게 되었나? 혹은 비자발적, 누가 상담을 신청했나? 신청자는 내담자와는 어떤 관계인가?), 이전 상담 경험 유무를 확인하고 상담경험이 있다면 횟수와 그만둔 이유 확인, 상담 과정에서의 성과 및 미흡했던 부분을 확인, 왜 지금 이 시점에 상담을 받으러 왔나? 등을 기술한다.

### 3. 내담자 주 호소 문제

1) 내담자 모(부, 선생님 등)의 호소 문제

자발적 방문이 아닐 경우 상담을 신청한 사람의 호소 문제도 확인한다.

2) 내담자의 호소 문제

내담자의 말을 직접 인용하여 적는다.

이 과정에서 호소하는 문제가 많으면 영역, 증상, 주제별 등으로 구분하여 기록한다.

### 4. 내담자 가족력

내담자의 현재 가족 정보와 원가족 정보를 제시하는 것으로 가계도를 넣어도 좋고 서술식이나 도표 등을 내담자와의 관계 중심으로 기록할 수 있다. 가족 각각의 특성과 내담자와의 관계를 요약하여 기술한다.

## Ⅱ. 내담자에 대한 이해

### 1. 내담자 발달사

내담자 문제의 원인이 될 수 있는 탐색을 위해서 출생 전후, 유아기, 아동기, 학령기, 청소년기 등을 나누어 문제와 관련된 발달적 역사, 문제의 기원, 문제와 관련된 내담자의 내적 요인, 문제와 관련된 상황적 요인 및 내담자의 대인관계 특성을 자세히 기술한다.

### 2. 심리검사

사전, 사후 검사 비교 시 객관적 검사와 그림검사를 병행하는 것이 이상적이다. 치료 전 내담자에 대한 이해를 위해 실시한 검사도 기록한다. 여러 가지 심리검사를 실시하는 경우에는 각각 심리검사 종류의 결과를 제시하고 심리검사 결과 서로 확인되는 공통사항을 통합하여 심리검사 종합소견을 제시해야 한다.

### 3. 치료사가 본 내담자의 문제

치료사는 자신의 상담이론에 근거하여 내담자의 호소문제와 문제의 발생원인, 지속요인을 밝히고, 관계에서 드러나는 어려움의 양상 등을 상담을 통해 확인된 자료들을 종합하여 이해하고 평가한다. 이때, 발달사나 가족관계, 심리검사에 근거하여 심리치료적인 용어를 사용하여 논리성을 갖도록 기술하여야 한다. 또한, 드러난 증상들(드러난 것, 드러나지 않은 것) → 원인(성격, 가족 환경, 인지능력, 발달 과정, 병리 등에서 탐색) → 내담자의 기존의 대처 방법 → 내담자 강점과 자원 → 개선을 위해 필요한 환경적 치료적 개입의 순서로 기술한다.

## Ⅲ. 치료목표 및 전략

### 1. 치료목표 및 전략

치료목표와 전략은 따로 떼어 놓고 생각할 수 없을 뿐만 아니라 자주 혼용되어사용되기도 한다. 전략은 목표 실현을 한 구체적인 방법으로 실제적인 내담자 행동을 결정하고 그에 맞는 적절한 대처 방법을 습득하는 데 도움을 주어야 한다(호소 문제 및 사례개념화에 근거하여 치료사의 판단에 따라 결정함)

  1) 최종 목표, 장기, 단기 목표(측정 가능하거나 관찰 가능한 내용으로 설정하여, 목표 성취 여부를 객관적으로 판단할 수 있도록 함)

  2) 목표성취를 위한 구체적인 미술치료 전략(치료사 개입방향, 미술치료 주제 및 활동 등)

    ① 목표(치료 후의 모습에 해당됨. 본 치료의 상황과 기간 내에 달성할 수 있는 것으로 한정하고, 목표는 치료 진행에 따라 일정 시간이 지나면 달라지기도 함)

② **전략**(목표와 구별되어야 하며 목표와 반복되지 않도록 주의함. 목표달성을 위해

치료에서 단계별로 치료사가 어떻게 구체적으로 개입하는가를 기술함)

· 초기:

· 중기:

· 후기:

## 9. 치료진행(회기별 프로그램)

표 4-1과 같이 치료 단계별로 회기별 내용, 활동 주제, 활동 매체를 포
함하여 치료 진행과정을 요약할 수 있다.

**표 4-1 미술치료 회기별 내용**

| 회기 | | 활동 내용 | 활동 주제 | 활동 매체 |
|---|---|---|---|---|
| 초기단계<br>'안아주기' | 1 | 사전검사 | 호소문제 및<br>목표설정 | A4용지, 연필,<br>지우개 |
| | 2 | 잡지 콜라주<br>(박스 콜라주<br>기법) | '내가<br>좋아하는 것'<br>표현하기 | 도화지, 잡지,<br>가위, 풀 |
| 탐색기 단계<br>'버텨주기'<br>'반영하기'<br>'다루기'<br>'대상<br>제공하기' | 6 | 동물 가족화 | 동물로 가족을<br>표현하기 | 8절 도화지, 색연필 |
| | 10 | 인형 만들기 | 부직포 인형 만들기 | 부직포, 솜, 실,<br>바늘, 눈알 |
| | 11 | 나의 장/단점<br>(나의 손바닥) | 나의 장단점 찾기 | 8절 도화지, 색연필 |

| | | | |
|---|---|---|---|
| | 12 | 그림책 만들기<br>(주제 및 내용<br>구성) | 그림책의 내용 구성 및<br>그림책 만들기를 통해<br>창조적인 놀이<br>경험하기 | 도화지, 색연필,<br>수채화물감, 붓,<br>파레트, 물통 |
| 조절기 단계<br>'놀이하기' | 19 | 그림책 만들기<br>(그림책<br>스토리 7) | 다음 장의 내용<br>구성 및 그림책 만들기<br>를 통해<br>창조적인 놀이 경험<br>하기 | 도화지, 색연필,<br>수채화물감, 붓,<br>파레트, 물통 |
| | 20 | 그림책 만들기<br>(표지 꾸미기) | 그림책의 표지 꾸미기<br>그림책 제목 붙이기 | 도화지, 색연필,<br>수채화물감, 붓,<br>파레트, 물통 |
| 종결기 단계<br>'마음 문을<br>열고<br>세상으로<br>나아가기' | 21 | 짱구 만들기 | 손가락 인형 만들기 | 부직포, 실, 바늘,<br>사인펜 |
| | 27 | 주고 싶은 선물 | 서로에게 주고 싶은<br>선물 만들어 전달하기 | 천사점토, 싸인펜 |
| | 28 | 사후검사 | 종결 회기, 변화 확인 | A4용지, 연필,<br>지우개, 색연필 |

출처: 곽진영 (2021). 경계선 지능 아동의 애착 및 자아존중감을 위한 미술치료 사례연구.

## 10. 회기별 치료내용

회기가 너무 길면- 20회기 이상, 비슷한 회기들은 묶어서 기술해도 좋다(예를 들어 3-5회기 감정 표출... 등으로). 집단이면 전체 활동내용과 집단원 간의 상호작용 중심으로 기술하고 집단원별로 하나씩 넣는다. 집단이 크면 대표적인 작품 몇 개만 넣을 수 있다.

1) 초기(친밀감 형성과 이완)

(1) 1회기: 파스텔 자유화

(자세하게 치료사와 내담자의 상호작용에 초점을 두고, 내담자의 말 "…"을 그대로 사용할 것, 치료사의 반응이나 촉진, 개입을 상세히 기록할 것)

- 치료적 견해: 진행내용과 치료적 평가를 나누어 기술하는데, 치료적 평가는 진행내용의 반복이 아니고 진행내용을 회기별 목표에 비추어 치료사가 전문적인 용어로 평가하는 내용이다. 목표가 도달한 회기도 있고 도달이 안 된 회기도 있을 수 있다. 무엇이 되었고, 무엇이 안 되었는지 기술하는 것이 좋다.

**13. 부록: 축어록** (응, 네 등 간단한 말은 ( )안에 넣어서 연결함)

축어록 작성시 슈퍼비전 받고 싶은 내용과 해당 회기를 선택한 이유를 기술한다.


T1: 우리 지난 시간에 활동한 거 생각나? (네..) 어떤 거 했지?

CT: 내 몸 그려서 수련회 가서 배 아팠던 거 했어요.

T2: 맞아, 우리 지난 시간에 00이가 수련회 가서 배 아팠던 거 표현했었지, 마음이 힘들 때 배가 아픈걸 발견했잖아. 00이 기억나니?


출처: 천성문 외 (2019). 초심 상담자를 위한 상담사례 이해와 슈퍼비전.

# 참고문헌

곽진영 (2021). 경계선 지능 아동의 애착 및 자아존중감 증진을 위한 미술치료 사례연구. 정서·행동장애연구, 37(1), 235-264.

이명우 (2017). 효과적인 상담을 위한 사례개념화의 실제-통합적 사례개념화 모형(IC-CM-X). 서울: 학지사.

이윤주 (2016). 효율적인 상담사례개념화를 위한 상담사례개념도의 활용. 상담학연구: 사례 및 실제, 1(2), 53-72.

천성문, 박은아, 안세지, 박정미, 남기범 (2019). 초심상담자를 위한 상담사례 이해와 슈퍼비전. 서울: 학지사.

Gehart, D. R. (2019). 상담 및 심리치료 사례개념화-이론 기반의 사례개념화 훈련 (이동훈 역). 서울: CENGAGE. (원서출판 2016).

Kealy D, Goodman G, Rasmussen B, Weideman R, & Ogrodniczuk JS. (2017). Therapists' perspectives on optimal treatment for pathological narcissism. *Personal Disord, 8*(1), 35-45.

Manassis, K. (2014). *Case formulation with children and adolescents.* New York, NY: The Guilford Press.

Rasmussen, P. D., & Storebø, O. J. (2018). Is it time for case formulation to outweigh the classical diagnostic classification in child and adolescent psychiatry? *Scandinavian Journal of Child and Adolescent Psychiatry and Psychology, 6*(4), 150-151.

Winters, N.C., Hanson, G., & Stoyanova, V. (2007). The Case Formulation in Child and Adolescent Psychiatry. *Child and Adolescent Psychiatric Clinics of North America, 16,* 111-132.

# 장애아동의 평가

미술치료사는 임상현장에서 다양한 장애아동을 만나 치료적 개입을 제공하게 되는데, 치료 초기 장애아동의 전반적인 발달 수준과 특성 및 장애 가능성 등에 대해 면밀히 살피는 것은 이후 치료 목표 및 치료 방향을 설정하는 데 있어 매우 중요하다. 임상현장에서 만나게 되는 일부 장애아동의 경우, 미술치료를 진행하기 전에 미리 필요한 발달평가를 실시하고 평가 결과를 치료사에게 제공하기도 하지만 평가 없이 바로 치료로 이어지는 경우도 있다. 또한 장애아동 중 뚜렷한 장애나 심한 장애를 지닌 경우를 제외하고는 대부분 장애 여부를 치료사가 정확하게 파악하기가 쉽지 않을 수 있기 때문에 장애아동에게 적합한 치료적 개입을 제공하는 데 어려움이 따른다.

더욱이 미술치료 장면에서는 장애아동을 위한 다양한 선별 및 진단 도구를 활용한 평가에 제한이 있을 수 있기 때문에 실제 치료사는 자신이 만나는 장애아동의 발달 수준과 장애 가능성에 대해 고려하지 못하고 치료를 진행하기도 한다.

이처럼 장애아동을 진단하고 평가하는 것은 장애아동의 발달 수준과 장애의 특성을 정확히 이해하고 장애 정도에 따른 치료적 개입을 설정하는 데 있어 매우 중요하지만, 미술치료사가 활용할 수 있는 간단한 선별 및 진단도구에 대한 안내가 매우 부족한 실정이다. 따라서 2장에서는 미술치료사가 장애아동을 만날 때 실제 활용할 수 있는 아동 발달 평가, 장애 영역 별 선별 검사 및 감각통합 체크리스트를 제공하고 더불어 다양한 미술심리진단평가에 대해 소개하고자 한다.

# 장애아동의 평가

## ⊙ 01. 발달평가

　발달평가는 발달과정에서 제한을 경험하는 장애아동을 이해하는 데 필요한 요소이다. 또한 발달에 적합한 치료계획 및 목표를 수립하고, 적절한 치료적 개입을 위해서도 필요한 과정이다. 이러한 이유로 치료사는 초기 치료과정에서 아동의 발달 수준을 파악하게 되는데, 일반적으로 장애 아동의 전반적인 발달수준을 파악하기 위한 발달평가로는 뮌헨아동발달기능평가(Munich Functional Developmental Diagnostics, MFED) 혹은 포테이지 발달지침서(Portage Guide to Early Education) 등을 들 수 있다. 뮌헨아동발달기능평가는 주로 영아기(0~3세)의 발달기능을 평가하는 데 쓰이고, 포테이지 발달지침서는 평가도구는 아니나 아동의 발달 수준을 이해할 수 있는 지침서이다.

　장애아동의 발달평가는 치료 초기에 진행되며, 아동의 신체, 언어, 인지, 정서 및 사회성발달, 자조능력 등의 전반적인 발달을 살펴보게 된다. 이러한 발달평가와 관련하여 진미영과 강정배(2015)는 특수교육 대상자 선정 시 진단/평가를 위하여 발달을 8개 영역인 인지, 감각, 운동, 신체, 적응, 행동, 정서, 심리, 학습, 의사소통, 장애 특성으로 나누어 설명하면서, 각 영역별로 하위영역을 두고 어떤 내용을 평가해야 하는지 제시하고 있다.

**표 5-1 발달평가 영역 및 하위영역**

| 영역 | 하위영역 | 영역 | 하위영역 |
|---|---|---|---|
| 인지 | 지적능력 | 정서/심리 | 정서특성 |
| | | | 심리특성 |
| | 실행능력 | | 성격특성 |
| 감각/운동 | 시지각 | | 성격특성 및 부적응 |
| | 시지각과 운동 | | 성격특성 및 정서상태 |
| | 감각통합 | 학습 | 자아개념 |
| | 운동능력 | | 학업능력 |
| | 일상생활능력 | | 읽기능력 |
| | 수단적 일상생활능력 | | 학업능력 및 인지처리 능력 |
| | 발달수준 | | 읽기능력 및 인지처리 능력 |
| 신체발달 | 건강상태 | 의사소통 | 언어 및 이해능력 |
| | 기질적 특성 | | |
| 적응/행동 | 문제행동 | 장애특성 | 자폐성장애 |
| | 적응행동 | | ADHD |
| | 부적응 및 문제행동 | | 학습장애 |
| | 적응행동 및 사회성 | | 정신분열증 |
| | 사회성 | | 청각장애 |
| | | | 시각장애 |

이러한 전반적인 발달 평가 외에 아동이 가지고 있는 어려움에 따라 적절한 발달평가 및 선별평가를 선택하게 되며, 선별평가를 통해 장애의 가능성이 예측되는 경우 진단평가가 이루어지게 된다. 따라서 치료사는 초기 장애 아동과의 평가에서 아동의 전반적인 발달의 특성 및 장애 가능성 등에 대해 면밀히 살필 필요가 있다. 특수교육 대상자 선별검사 및 진단 · 평가는 각 장애별로 다음과 같다.

표 5-2 특수교육 대상자 선별검사 및 진단 · 평가 영역(시행규칙 제2조 제1항)

| 구분 | | 영역 |
|---|---|---|
| 장애 조기발견을 위한 선별검사 | | 1 사회성숙도 검사<br>2. 적응행동검사<br>3. 영·유아 발달검사 |
| 진단·평가영역 | 시각장애<br>청각장애<br>지체장애 | 1. 기초학습기능검사<br>2. 시력검사<br>3. 시기능검사 및 촉기능검사(시작장애의 경우에 한함)<br>4. 청력검사(청각장애의 경우에 한함) |
| | 지적장애 | 1. 지능검사<br>2. 사회성숙도검사<br>3. 적응행동검사<br>4. 기초학습검사<br>5. 운동능력검사 |
| | 정서 · 행동장애 | 1. 적응행동검사<br>2. 성격진단검사<br>3. 행동발달평가<br>4. 학습준비도검사 |

| 진단·평가영역 | 의사소통장애 | 1. 구문검사 |
|---|---|---|
| | | 2. 음운검사 |
| | | 3. 언어발달검사 |
| 진단·평가영역 | 학습장애 | 1. 지능검사 |
| | | 2. 기초학습기능검사 |
| | | 3. 학습준비도검사 |
| | | 4. 시지각발달검사 |
| | | 5. 지각운동발달검사 |
| | | 6. 시각운동통합발달검사 |

　　이 장에서는 치료사가 장애아동의 발달평가 및 장애별 선별평가를 진행하는데 도움을 줄 수 있는 도구들을 소개함으로써 치료 장면에서 장애아동의 발달 및 장애 선별을 평가할 수 있는 지침을 제공하려 한다.

## 1. 포테이지 아동발달 지침서

　　포테이지 아동발달 지침서는 미국의 위스콘신주 포테이지라는 도시에서 장애아동의 조기교육을 담당한 교사들이 아동과의 경험을 토대로 만든 것이다. 여기에는 유아자극을 포함하여 5개의 발달영역으로 구성되어 있다. 즉 유아자극, 신변처리, 운동성, 사회성, 인지, 언어 기술영역이 그것이다.
　　다음은 정인숙 외(2008)의 장애 영유아 선별 및 진단·평가 지침서Ⅱ에서 제시한 체크리스트를 소개하고자 한다. 여기에는 신변처리, 대근육, 소근육, 인지, 사회성, 표현언어, 수용언어발달이 포함된다.

**아동 발달 평가**

다음의 항목 중 아동이 항상 할 수 있는 것은 O표, 전혀 하지 못하는 것은 X표, 가끔 하거나 조금만 도와주면 되는 것은 △표로 표시하라.

## 1) 신변처리

| 연령수준 | 내용 | 평가 |
|---|---|---|
| 1~2세 | 숟가락을 사용한다. | |
| | 한 손으로 컵을 들고 마신다. | |
| | 세수하는 모습을 모방한다. | |
| | 5분정도 아기 변기에 앉아 있다. | |
| | 소매에 팔을 끼우고 바지에 다리는 집어 넣는다. | |
| | 화장실에 가고자 할 때 몸짓이나 말로 표현한다. | |
| | 끈 없는 신발을 신는다. | |
| | 채워지지 않는 겉옷이나 바지를 벗는다. | |
| 2~3세 | 약간 흘려도 혼자 먹는다. | |
| | 이 닦기를 모방한다. | |
| | 대소변을 가린다. | |
| | 빨대를 사용한다. | |
| | 비누를 사용한다. | |
| | 지퍼를 올리고 내린다. | |
| | 양말을 신는다. | |
| | 간단한 옷(속옷이나 겉옷)을 입는다. | |

| | | |
|---|---|---|
| 3~4세 | 포크를 사용한다. | |
| | 처음부터 끝까지 혼자 식사한다. | |
| | 코를 혼자 풀고 닦는다. | |
| | 일반적으로 위험한 것을 피한다(깨인 유리, 볼 등) | |
| | 단추를 푼다. | |
| | 언어적 지시를 할 때 자기의 몸을 닦는다(목욕 시). | |
| 4~5세 | 젓가락을 사용하여 음식을 먹는다. | |
| | 단추를 혼자 잠근다. | |
| | 식사 중 흘린 것을 치운다(엎질러진 물 등). | |
| | 손과 얼굴을 씻는다. | |
| | 스스로 옷을 벗고 입을 수 있다. | |
| | 머리를 빗는다. | |
| | 바깥에 나가서 논다. | |
| 5~6세 | 언어적 지시 없이도 길을 건널 때 좌우를 살핀다. | |
| | 집에서 어느 정도 떨어진 곳(반경 200m 내외) 놀이터에 심부름을 시키면 한다. | |
| | 심부름을 시키면 한다. | |

## 2) 대근육 발달

| 연령수준 | 내용 | 평가 |
|---|---|---|
| 0~1세 | 누운 자세에서 옆으로 구른다. | |
| | 머리를 고정시키고 턱은 아래로 밀어 넣은 자세로 앉아 있는다. | |
| | 누운 자세에서 엎드린 자세로 구른다. | |
| | 엎드린 자세에서 팔을 뻗쳐서 버틴다. | |
| | 360°로 한바퀴 구른다. | |
| | 앉은 자세에서 완전히 균형을 잡는다(유지시간). | |
| 1~2세 | 도움 없이 무릎을 꿇는다. | |
| | 앉아서 공을 던진다. | |
| | 팔을 편안한 자세로 하여 혼자 걷는다. | |
| | 바퀴 달린 장난감의 줄을 끌어당긴다. | |
| | 바닥에 시선을 고정한 채 뛴다. | |
| | 큰 공을 발로 찬다. | |
| | 도와주면 두발로 모아서 뛴다. | |
| 2~3세 | 직경 30cm의 큰 물건을 들고 걷는다. | |
| | 장애물을 넘어서 걸어간다. | |
| | 30cm 간격의 평행선 사이를 걷는다. | |
| | 뒤로 걷는다. | |
| | 발끝으로 서 있는다. | |
| | 3초 동안 한 발로 서 있는다. | |

| | | |
|---|---|---|
| | 도움 없이 블록 위를 올라간다. | |
| | 도움 없이 블록에서 내려온다. | |
| | 미끄럼대를 올라가서 타고 내려온다. | |
| | 가까운 거리에 있는 바구니에 작은 공을 던져 넣는다. | |
| | 손을 위로 올려서 작은 공을 던진다. | |
| | 뛰어와서 공을 찬다. | |
| | 제자리에서 도움 없이 깡총 뛴다. | |
| | 도움을 받아 앞으로 재주넘기를 한다. | |
| | 곧은 길에서 세발 자전거를 탄다. | |
| 3~4세 | 장애물을 피하며 달린다. | |
| | 도움 없이 팔을 번갈아 가며 계단을 올라간다. | |
| | 난간을 잡고 발을 번갈아 가며 계단을 내려온다. | |
| | 원의 내부를 색칠한다. | |
| | 밀어주면 그네를 탄다. | |
| | 4cm 높이의 줄을 뛰어 넘는다. | |
| | 30cm 넓이의 판을 뛰어 넘는다. | |
| | 20cm 높이에서 도움 없이 뛰어 내린다. | |
| | 옆, 뒤로 두 발로 모아서 뛴다. | |
| 4~5세 | 발뒤꿈치로 걷는다. | |
| | 방향을 바꾸어 뛴다. | |
| | 10cm 폭의 평균대 위를 걸어간다. | |
| | 몸을 움직이지 않고 눈을 감고 한 발로 서 있는다. | |

| 연령수준 | 내용 | 평가 |
|---|---|---|
| 4~5세 | 앞으로 10번 깡총 뛰기를 한다. | |
| | 30cm 높이에서 뛰어내린다. | |
| | 혼자서 그네를 탄다. | |
| | 지시에 따라 공을 계속 친다. | |
| | 허리 높이인 수영장 안을 걸어 다닌다. | |
| | 달리면서 공을 찬다. | |
| | 철봉대에 10초 정도 매달린다. | |

## 3) 소근육 발달

| 연령수준 | 내용 | 평가 |
|---|---|---|
| 0~1세 | 토막을 집어든다. | |
| | 한 손으로 토막을 잡는다. | |
| | 엄지손가락을 사용해서 물건을 잡는다. | |
| | 엄지와 집게손가락을 사용한다. | |
| | 컵에 토막을 넣는다. | |
| | 숟가락으로 푼다. | |
| 1~2세 | 크레파스를 잡는다. | |
| | 크레파스로 종이에 낙서를 한다. | |
| | 두꺼운 종이로 된 책의 책장을 넘긴다. | |
| | 블록 2개로 탑을 쌓는다. | |
| | 병에 있는 것을 쏟는다. | |

| | | |
|---|---|---|
| | 종이를 접는다. | |
| | 뚜껑을 돌린다. | |
| | 블록 6개로 탑을 쌓는다. | |
| 2~3세 | 얇은 종이로 된 책을 한 장씩 넘긴다. | |
| | 큰 구슬 4개를 실에 꿴다. | |
| | 문의 손잡이나 꼭지를 돌린다. | |
| | 가위로 싹둑 자른다. | |
| | 선긋기를 한다. | |
| | 원그리기를 한다. | |
| | 4조각의 퍼즐을 맞춘다. | |
| | 직사각형 레고블럭 6개로 탑을 쌓는다. | |
| | 직사각형 레고블럭 8개로 탑을 쌓는다. | |
| 3~4세 | 작은 구슬 5개를 실에 꿴다. | |
| | 가위로 종이를 두 번 이상 자른다. | |
| | 찰흙으로 2~3개의 모양을 자른다. | |
| 4~5세 | 20cm정도 선 따라 자른다. | |
| | 8조각의 퍼즐을 맞춘다. | |
| | 종이로 삼각형을 접는다. | |
| | 연필을 바르게 사용한다. | |
| | 원의 내부를 색칠한다. | |
| | 삼각형을 그린다. | |

| 연령수준 | 내용 | 평가 |
|---|---|---|
| 5~6세 | 인물화를 그린다. | |
| | 사각형을 그린다. | |
| | 종이에 있는 단순한 형태를 찢는다. | |
| | 2가지 색으로 그림을 그린다. | |
| | 종이에 있는 그림을 오려서 붙인다. | |

## 4) 인지발달

| 연령수준 | 내용 | 평가 |
|---|---|---|
| 0~1세 | 시야를 가리고 있는 천에서 얼굴을 치운다. | |
| | 언어적 지시에 따라 그릇 안에 물건을 넣는다. | |
| | 그릇 아래 감추어 놓은 물건을 찾는다. | |
| | 형태판에서 원을 찾아 꺼낸다. | |
| | 물건을 꽂기판에 꽂는다. | |
| 1~2세 | 적목 3개를 지시에 따라 쌓는다. | |
| | 같은 물건을 짝짓는다. | |
| | 자유롭게 선을 긋는다. | |
| | 물건과 같은 그림을 짝짓는다. | |
| | 이름을 말해줄 때 같은 그림을 가리킨다. | |
| 2~3세 | 특정한 물건을 찾아오라고 할 때 찾아온다. | |
| | 형태판에 세 가지 형태를 끼운다. | |
| | 여러 그림을 보여준 다음 감춘 뒤 유아가 1개 이상의 그림을 기억하여 말한다. | |

| | | |
|---|---|---|
| 2~3세 | 촉감이 같은 것끼리 짝짓는다. | |
| | 물어볼 때 큰 것과 작은 것을 가리킨다. | |
| | 빨강, 파랑, 노랑을 식별한다. | |
| | 차례로 큰 것에 끼워넣게 된 장난감(네 가지 크기)을 맞춘다. | |
| | 지시할 때 물건을 '위'/'아래'/'안'에 놓는다. | |
| | 기하도형과 도형과 같은 형태의 그림을 짝짓는다. | |
| | 말뚝에 차례로 5개 이상 원반고리를 끼운다. | |
| 3~4세 | 언어적 지시에 따라 여아가 남아를 가리킨다. | |
| | 물건이 무거운지 가벼운지를 말한다. | |
| | 두 부분으로 나누어진 형태를 하나의 완성된 형태로 맞춘다. | |
| | 셋 이상의 물건을 1:1로 대응시킨다. | |
| | 길고 짧은 물건을 가리킨다. | |
| | V자를 모방한다. | |
| | 10개의 물체를 따라 헤아린다. | |
| | 미완성된 사람 모양과 팔에 다리를 그려 넣는다. | |
| | 6조각으로 된 퍼즐을 틀리지 않게 맞춘다. | |
| | ○, △, □ 등 세 가지 도형의 이름을 말한다. | |

| | | |
|---|---|---|
| 4~5세 | 1~5 수 중에서 특정한 수만큼 물건을 들어 올린다. | |
| | 그림 한 장에 네 가지 물체가 있는 것을 보여주면 회상한다. | |
| | 3개의 물건 중에서 한가지를 치웠을 때 없어진 물건의 이름을 말한다. | |
| | 여덟 가지 색이름을 말한다. | |
| | 머리, 몸, 팔, 다리를 갖춘 사람을 그린다. | |
| | 블록 10개를 사용하여 피라미드 만들기를 모방한다. | |
| | 그림 중에 빠진 부분을 가리키거나 부분의 이름을 말한다. | |
| | 첫 번째/가운데/마지막 위치 명을 말한다. | |
| 5~6세 | 자신의 왼쪽, 오른쪽을 구별하여 말한다. | |
| | 넓이나 길이의 순서에 따라 물건을 정리한다. | |
| | 요일을 순서대로 말한다. | |
| | 3까지 더하거나 빼기를 한다. | |
| | 생일(월, 일)을 말한다. | |
| | 인쇄된 단어 10개를 눈으로 읽는다. | |

## 5) 사회성발달

| 연령수준 | 내용 | 평가 |
|---|---|---|
| 0~1세 | 치료사 쪽으로 얼굴을 향한다. | |
| | 안아주면 울음을 멈춘다. | |
| | 타인의 행동에 미소반응을 보인다. | |
| | 자발적으로 미소를 짓는다. | |
| | 장난감을 뺏으면 저항한다. | |
| | 장난감 잡으려 필요한 동작을 한다. | |
| | 거울보고 미소를 짓는다. | |
| | '안돼'라는 말에 행동을 중단한다. | |
| | 혼자놀이를 한다. | |
| | 놀이모방을 한다. | |
| | 친근한 사람과 낯선 사람을 구별한다. | |
| | 간단한 지시 따르기를 한다. | |
| 1~2세 | 까꿍놀이를 한다. | |
| | 낯익은 사람에게 반응한다. | |
| | 울지 않고서 원하는 것을 지적한다.<br>(음성이나 제스처로) | |
| | 청소활동을 모방한다. | |
| | 다른 학습자와 함께 있으면서 독자적인 놀이를 한다. | |
| | 이름을 부르면 반응한다. | |
| | "~좀 주세요", "고맙습니다"라고 말한다. | |
| | 요구한 음식이나 음료수를 기다린다. | |

| | | |
|---|---|---|
| 2~3세 | 인사를 한다. | |
| | 친구와 함께 있으면서 같은 종류의 장난감을 각자 가지고 논다. | |
| | 또래와 장난감을 함께 가지고 논다. | |
| | 부모와 자연스럽게 헤어진다. | |
| | 자신의 소유물을 확인한다. | |
| | 성인과 함께 1:1 활동을 한다. | |
| | 5분간 소집단 활동을 한다. | |
| | 차례를 기다린다. | |
| | 또래와의 접촉을 주도한다. | |
| | 친구의 이름을 말한다. | |
| | 여러 가지 장난감을 가지고 논다.<br>(10분씩 2회의 관찰 시 3가지 이상) | |
| 3~4세 | 물건을 정리한다. | |
| | 자연보상을 기대하고 활동한다. | |
| | 성인과 10분간 1:1활동을 한다. | |
| | 10분간 집단활동을 한다. | |
| | 자기 사진을 보고 안다. | |
| | 단체 사진에서 자신을 가리킨다. | |
| | 가족을 성별에 따라 구별한다. | |
| | 식사시간 동안 자리를 지킨다. | |
| | 치료사의 지시를 따른다. | |

| | | |
|---|---|---|
| 3~4세 | 자기 물건을 가리킨다. | |
| | 자발적으로 "좀 주세요", "고맙습니다"를 말한다. | |
| | 함께 어울린다. | |
| 4~5세 | 전화를 받는다<br>(①여보세요 ②누구세요? 물음에 답하기 ③전화를 정확히 바꿔<br>주기) | |
| | 상황에 맞게 "미안합니다"를 말한다. | |
| | 친구 가리지 않고 함께 논다. | |
| | 신체적 특징이 다른 또래와 논다. | |
| | 장난감을 요구한다. | |
| | 집단 음악활동에 참여한다. (①노래부르기 ②적절한 제스처<br>하기 ③ 도구나 자료를 적절히 다루기) | |
| | 혼자서 이웃에 갔다 온다. | |
| | 집단놀이를 한다. | |
| | 집단활동 상황에서 말하는 사람을 바라본다. | |
| | 1:1 대화 시 말하는 이를 바라본다. | |
| | 규칙을 지키며 게임을 한다. | |
| | 분노를 언어로 표현한다. | |
| | 친구를 도와준다. | |
| | 스스로 장난감을 정리한다. | |
| | 물건을 산다. | |
| | 친구에게 사과를 한다. | |
| | 물건을 소중히 다룬다. | |

| 연령수준 | 내용 | 평가 |
|---|---|---|
| 5~6세 | 20분간 성인과 1:1활동을 한다. | |
| | 20분간 소집단 활동을 한다. | |
| | 도움을 받기 위해 차례를 기다린다. | |
| | 발표하고 싶을 때 손들고 조용히 기다린다. | |
| | 게임 중 차례를 기다린다. | |
| | 상황에 적합한 규칙을 말한다. | |
| 5~6세 | 규칙을 어겼을 때 일어나 결과를 말한다. | |
| | 15분 이상 이야기를 조용히 듣는다. | |
| | 집단활동 중 자기의견을 발표한다. | |

## 6) 표현언어발달

| 연령수준 | 내용 | 평가 |
|---|---|---|
| 0~1세 | 서로 다른 모음 소리를 낸다(예: 아, 우, 오) | |
| | 목구멍 소리를 낸다(예: 크, 그, 응) | |
| | 모음과 자음을 결합하며 2음절 소리를 낸다. (예: 야흐, 아다, 오이, 우유, 아우..) | |
| 0~1세 | 어른과 놀면서 사용되는 소리를 모방한다. (예: 동물소리, 자동차, 의성어, 의태어) | |
| | 억양을 모방한다(예: 노래, 멜로디를 따라한다) | |
| | 욕구를 표시할 때 손짓이나 말소리를 사용한다. | |
| | 한두 개 단어를 뜻이 정확하게 사용한다. (예: 맘마, 까까, 엄마, 가자) | |

| | | |
|---|---|---|
| 1~2세 | 단어를 모방하기 시작한다. | |
| | 혼자 이야기를 하며 논다.<br>(많은 부분은 알아듣기 힘들다) | |
| | "~줘, ~주세요"라고 욕구를 말한다. | |
| 2~3세 | 두 개의 숫자를 순서대로 정확하게 모방한다. | |
| | 간단한 동요를 부르기 시작한다. | |
| | 자신이 하고 있는 동작에 대해 이야기한다. | |
| 2~3세 | 상황에 따라 3단어를 결합한 절을 사용한다.<br>(예: 문을 열어 줘) | |
| | 욕구를 표현하기 위하여 "더 줘"라고 말한다. | |
| | 사물의 기능을 이해하고 질문에 답한다.<br>(예: 이거 뭐하는 거야?, 이걸로 뭘 할까?) | |
| | 일상 사물의 기능을 안다.<br>(최소 6개 "사과를 뭘로 깍지?") | |
| | "누구"를 사용하여 사람의 이름을 묻는다. | |
| | 3단어로 결합된 의문문을 사용하여 질문한다.<br>(예: 엄마, 어디가?) | |
| | 부사를 포함한 3단어 문장에서 사용한다.<br>(예: 아빠, 천천히 가!, 내가 다시 할래, 과자 또 주세요) | |
| | 소유대명사를 사용한다.(예: 엄마, 양말) | |
| | 부정어를 사용한다.(예: 엄마 안 아파?, 거기 안가) | |
| 3~4세 | 동요를 새로 듣고 따라 부른다. | |
| | 사진을 보며 과거 상황을 기억해서 말한다. | |
| | 가상적 역할놀이를 하면서 혼자서 이야기한다. | |

| | | |
|---|---|---|
| 3~4세 | 질문에 정확히 대답한다(사물의 기능, 속도).<br>(예: 모자는 어디에 쓰는 것일까?) | |
| | 5군데 신체부위를 말한다.<br>(예: 어깨, 팔꿈치, 혀, 눈썹, 이마) | |
| | 신체부위의 기능을 말한다.(예: 눈, 코, 입, 손) | |
| | 추상적 단어를 이해하고 사용한다(예: 사랑해) | |
| | "왜, 언제, 어떻게"의 의문사를 사용하여 질문한다. | |
| | 생리적 욕구를 "배고파, 졸려"와 같은 말로 표현한다. | |
| | 사물에 대한 반대개념을 표현한다.<br>(예: 토끼는 빠르고 거북이는 느려요) | |
| | 수동문을 표현한다.<br>(예: **가 **를 때렸어. **한테 주었어) | |
| | 일상적인 활동에 대해 "뭐하고 있니?" 물으면 대답한다. | |
| | "나, 너" 등의 인칭대명사를 사용한다. | |
| | 형용사와 결합하여 부정어를 사용한다.<br>(예: 이 옷은 안 예뻐!) | |
| 4세 이상 | 이야기 가운데 시간을 나타내는 표현을 한다.<br>(예: 어젯밤, 내일, 오늘, 아침, 점심 때, 밤) | |
| | 일주일을 이해하고 순서대로 말한다. | |
| | 경험, 동화 등을 이야기한다(이야기 꾸미기). | |
| | 꿈에 대하여 이야기한다. | |
| | 농담, 우스개 이야기를 한다. | |
| | 동화듣기를 즐기고 들은 후 연극처럼 해본다. | |
| | 사물을 정의할 때 그것이 속하는 집단을 말한다.<br>(예: 개-동물, 사과-과일) | |
| | 접속사를 사용하여 간단한 절을 연결시킨다. | |

## 7) 수용언어발달

| 연령수준 | 내용 | 평가 |
|---|---|---|
| 0~1세 | 말하는 사람의 얼굴을 쳐다본다. | |
| | 이름을 부르면 잠시 활동을 멈추고 쳐다본다. | |
| | '안돼'의 지시에 행동을 멈춘다. | |
| | 빠이, 손뼉쳐, 반짝의 의미를 이해하며 적절히 몸짓을 한다. | |
| 1~2세 | 3개 정도의 친숙한 사물을 말하면 가지고 온다. | |
| | 일상의 물건 이름을 말하면 지적한다. | |
| | "~가 어디 있지?"물으면 지적한다. | |
| | "만지지마(하지마)"와 같은 부정적 명령에 멈춘다. | |
| | "이게 뭐야", "누구야?"로 시작하는 질문을 이해한다. | |
| | "고양이가 어떻게 우니?"같은 질문에 대답한다. | |
| | 일상적인 동사를 이해한다(예: 앉아, 봐, 와 먹어) | |
| 2~3세 | 사물의 부분을 지적한다(예: 차바퀴, 인형눈) | |
| | 부정적 말을 이해한다<br>(예: 이건 먹는 게 아니야, 엄마 병원에 안가, 누가 안 왔니?, 저건 **것 아니야) | |
| | 그림책을 보며 의문사를 사용한 질문을 이해한다.<br>(예: 누가 뛰어가?, 오리 어디 있니?) | |
| | "한개, 많이" 차이를 이해한다. | |
| | 관련된 세 가지 지시를 이해한다.<br>(예: 차를 꺼내어 이리 가져와서 여기 통에 넣어) | |
| | 다른 장소에 가서 한번에 두 개의 사물을 가져온다.<br>(예: 식당에 가서 숟가락과 컵을 가져와) | |

| | | |
|---|---|---|
| 3~4세 | 혀, 목, 팔, 무릎, 턱, 허리...를 지적한다. | |
| | '어떻게?'로 시작되는 질문을 이해한다. | |
| | 언제, 왜로 시작하는 질문을 이해한다. | |
| | 3개의 관련없는 지시를 수행한다.<br>(예: 차를 나한테 주고 공 가져와) | |
| | 위, 아래, 안, 밖의 의미를 비교하여 이해한다. | |
| | 앞, 뒤, 옆의 의미를 이해한다. | |
| | 서로 반대되는 개념을 이해한다<br>(형용사: 무거워/가벼워, 크다/작다, 빠르다/느리다) | |
| 4세 이상 | 어제/오늘/내일의 의미를 이해한다. | |
| | 같다, 다르다의 개념을 이해한다. | |
| | 비교, 형용사의 개념을 이해하고 사물을 선택한다<br>(크다, 더 크다, 제일 크다) | |
| | 새 것과 헌 것의 차이를 이해한다. | |

출처: 정인숙 외 (2008). 장애 영유아 선별 및 진단·평가 지침서Ⅱ.

## 2. 장애 영역별 선별검사(국립 특수교육원)

본 선별검사는 노선옥 외(2009)의 '특수교육대상아동 선별검사'에서 제시한 선별검사로, 장애가 의심되는 영유아부터 고등학생까지를 대상으로 하나, 본 장에서는 영유아 및 초등학생용으로 구성해 소개하고자 한다. 특별히 이 검사는 특수교육대상 학생으로 선정·배치되지는 않았지만 특수교육이 필요하다고 여겨지는 아동을 선별하기 위한 것으로, 이 검사를 사용하고자 할 경우 반드시 다음의 사항을 잘 지켜 검사해야 한다.

- 검사자는 아동과 최소한 3개월 이상 생활한 사람이어야 한다.
- 이 검사는 아동의 장애를 선별하는 검사이므로 이 검사의 결과로 아동에게 장애가 있다고 단정하여서는 절대 안된다.
- 이 검사 결과 장애로 선별된 아동(진단검사 필요 아동)은 보호자의 동의를 얻어 진단검사를 실시할 필요가 있다.
- 특수교육대상학생으로 선정·배치하기 위해서는 반드시 별도의 장애 진단검사를 받아야 한다.

## 1) 시각장애

① 맹

| 검사문항 | 해당 여부 |
|---|---|
| 1. 눈꺼풀이 처져 있거나 눈이 감겨져 있다. | |
| 2. 시각으로 사물, 글자, 그림 등을 전혀 식별하지 못한다. | |
| 3. 시각이 아닌 촉각이나 청각 등의 감각에 의지하여 생활한다. | |
| 4. 사물의 형체를 알아보지는 못하지만 빛을 감지할 수 있다. | |
| 5. 사물을 보지 못해 이동할 때 자주 부딪히거나 걸려 넘어진다. | |

1~5번 중 2개 이상의 항목이 확인된 경우 여기서 검사를 중단함
단, 해당항목이 전혀 없거나 1개만 확인된 경우에는 6번 항목부터 다시 검사 실시

② 저시력

| 검사문항 | 해당 여부 |
|---|---|
| 1. 사시가 있어 초점을 맞추지 못한다. | |
| 2. 안경이나 렌즈를 끼고도 사물을 분명하게 식별하기 어려워한다. | |
| 3. 가까이에 있는 사물을 볼 때 눈을 지나치게 근접시켜 본다. | |
| 4. 자신과 떨어진 거리에 있는 사물을 눈을 찌푸려서 가늘게 뜨고 본다 | |
| 5. 시각이 집중적으로 요구되는 활동에서 자주 눈을 문지르거나 깜박거리면서 피로감을 보인다. | |
| 6. 글자를 눈에 가까이 대고 읽어 속도가 느리고 틀리게 혹은 빼고 읽는다. | |
| 7. 글자를 또래보다 지나치게 크게 쓰고 줄을 맞춰서 바르게 쓰지 못한다. | |

━━━━⟨ 진단검사가 필요한 아동 ⟩━━━━

아동의 연령에 관계없이 1 또는 2에 해당되는 아동

1. ① 맹에서 2문항 이상 해당되는 경우

2. ② 저시력인 경우에서 2문항 이상 해당되는 경우

## 2) 청각장애

### ① 청각적 자극에 대한 반응

| 검사문항 | 자주 나타남 | 가끔 나타남 | 나타나지 않음 |
|---|---|---|---|
| 1. 소리에 대해 반사적 행동이 나타난다<br>(예: 놀람, 눈꺼풀 움직임, 동작 멈춤 등) | 2 | 1 | 0 |
| 2. 소리가 들리면 음원을 찾으려는 행동을 한다<br>(예: 머리 혹은 눈을 돌림) | 2 | 1 | 0 |
| 3. 소리가 들리는 방향으로 쳐다본다 | 2 | 1 | 0 |
| 4. 전자레인지 소리, 압력밥솥 소리 등의 고주파수에 해당되는 소리에 반응한다. | 2 | 1 | 0 |
| 5. 친숙한 소리에 적절한 행동 반응을 보인다<br>(예: 전화벨 소리에 전화 쪽으로 간다) | 2 | 1 | 0 |
| 6. 친숙한 사람의 목소리를 인지한다<br>(예: 가족들이 모여 있을 때, 뒤에서 아빠가 부르면 쳐다볼 수 있다) | 2 | 1 | 0 |
| 합계 | | | |

② 의사소통 표현

| 검사문항 | 자주 나타남 | 가끔 나타남 | 나타나지 않음 |
|---|---|---|---|
| 1. 친숙한 사람의 언어적인 자극 행동에 자극적으로 반응을 보인다. (예: 부모의 질문에 대답하듯이 알아듣는 행동이나 무의미한 말을 한다) | 2 | 1 | 0 |
| 2. 혼자 놀 때 음성 놀이가 많아진다 (예: 장난감을 갖고 놀면서 끊임없이 부정확한 말소리로 이야기한다) | 2 | 1 | 0 |
| 3. 동일한 모음을 반복하여 산출한다 (예: 아아아아, 오오오) | 2 | 1 | 0 |
| 4. 다양한 모음을 연결한 발성을 한다 (예: 아이우, 아야유, 어이) | 2 | 1 | 0 |
| 5. 무의미하지만 마치 말처럼 자음과 모음을 결합하여 산출한다 (예: 가아아 오오) | 2 | 1 | 0 |
| 6. 마치 대화를 하듯 자모음이 결합된 말을 연속해서 산출한다. (예: 가나다기추가이우다) | 2 | 1 | 0 |
| 7. 연속적인 자모음으로 구성된 말 속에서 알아들을 수 있는 단어가 10개 이상이다. | 2 | 1 | 0 |
| 8. 다른 사람과 같은 크기와 높이로 말을 할 수 있다. | 2 | 1 | 0 |
| 9. 말을 할 때 말하는 사람의 얼굴을 가끔씩 쳐다본다. | 2 | 1 | 0 |
| 10. 표현할 수 있는 단어가 30개 정도 된다. | 2 | 1 | 0 |
| 11. 연구개음(ㅇ,ㄱ,ㅋ,ㄲ)를 바르게 말한다(예: 가방, 가) | 2 | 1 | 0 |
| 12. 마찰음(ㅅ,ㅆ,ㅎ)을 바르게 말한다 (예: 하마, 호호, 할아버지, 삭과, 신, 시계) | 2 | 1 | 0 |

| 검사문항 | 자주 나타남 | 가끔 나타남 | 나타나지 않음 |
|---|---|---|---|
| 13. 된소리(ㄲ,ㄸ,ㅃ,ㅆ,ㅉ)를 바르게 말한다(예: 까까, 또, 찌, 빠빠이) | 2 | 1 | 0 |
| 14. 표현할 수 있는 단어가 50개 정도 된다. | 2 | 1 | 0 |
| 합계 | | | |

## 〈 진단검사 필요 아동 〉

1 또는 2 중 하나에 해당되는 유아

1. ① 청각적 자극에 대한 반응의 점수가 2점인 경우
2. ② 언어적 의사소통 욕구표현의 점수가 8인 경우

### 3) 지적장애

| 검사문항 | 자주 나타남 | 가끔 나타남 | 나타나지 않음 |
|---|---|---|---|
| 1. 구어(말)로 의사소통을 못하거나, 무슨 말인지 알아 듣기 힘들다. | 2 | 1 | 0 |
| 2. 교사나 주변 사람이 평소와 다른 지시를 하면 알아듣지 못한다. 예를 들어 종이를 나누어주면서 오리라고 했는데, 평소에 하던 대로 색칠하기만 한다. | 2 | 1 | 0 |
| 3. 또래에 비해 자연스럽게 노출되는 문자에 대한 관심이 없거나, 이해력이 떨어진다. | 2 | 1 | 0 |
| 4. 또래에 비해 기초적인 수세기, 색깔이나 모양(동그라미, 세모, 네모 등)의 개념 이해력이 떨어진다. | 2 | 1 | 0 |

| | | | |
|---|---|---|---|
| 5. 또래들에 비해 옷 입고 벗기를 제대로 수행하지 못한다. | 2 | 1 | 0 |
| 6. 또래들에 비해 대소변 가리기를 제대로 수행하지 못한다. | 2 | 1 | 0 |
| 7. 또래들에 비해 식사하기를 제대로 수행하지 못한다. | 2 | 1 | 0 |
| 8. 위험한 상황을 잘 인식하지 못하고, 위험한 일이 벌어져도 해결하지 못한다. 예를 들어 정수기에 뜨거운 물을 먼저 담고는 그대로 잡고 있다. | 2 | 1 | 0 |
| 9. 또래들에 비해 유치한 행동을 많이 하거나 또래들의 놀이 활동에 참여하지 못한다. | 2 | 1 | 0 |
| 10. 수행하는 것이 없어서 교사나 또래가 보기에 대상 아동이 있는지 없는지 모를 정도로 소속감이 없다. | 2 | 1 | 0 |
| 11. 활동을 할 때, 산만하고 집중력이 짧아서 결국 과제를 완성하지 못하는 때가 많다. | 2 | 1 | 0 |
| 합계 | | | |

자주 나타남(2): 1주일에 4회 이상 나타남

가끔 나타남(1): 1주일에 2~3회 나타남

나타나지 않음(0): 1주일에 1회 이하로 거의 일어나지 않음

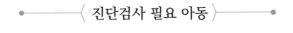

## 진단검사 필요 아동

합계 4점 이상인 경우

## 4) 지체장애

① 일상생활이나 학습 장면에 필요한 운동 기능에 제한이 있는 경우

| 검사문항 | 해당 여부 |
|---|---|
| 1. 이동 수단으로 주로 휠체어, 목발, 워커 등 보행 보조기구를 사용한다. | |
| 2. 팔, 다리, 몸통, 머리 부위에 보조기를 장기간 착용한다. | |
| 3. 필기가 아주 늦거나 곤란할 정도이고 식사 도구를 이용하기 어려울 정도로 상지의 기능이 저하되어 있다. | |
| 4. 뼈, 관절, 근육 등의 문제로 인하여 수업 시간에 의자에 앉은 자세를 유지하기 어렵다. | |
| 5. 분명한 외형상의 장애가 없지만 잘 넘어지거나 뼈가 쉽게 부러진다. | |
| 6. 척추나 몸통이 전후 또는 좌우로 심하게 기울어져 자세 조절이 어렵다. | |
| 7. 입을 잘 다물지 못하거나 침을 많이 흘려 옷이나 책 등이 젖어있는 경우가 많다. | |
| 8. 혼자서 계단 오르내리기가 곤란하다. | |
| 9. 발바닥의 안쪽이나 바깥쪽 끝, 또는 발끝으로 걷는다. | |
| 10. 구강 구조나 기능의 문제로 인해 음식물을 씹고 삼키는 데 어려움이 있다. | |

② 사지, 머리, 몸통 등의 분명한 형태 이상 및 운동 기능 이상 등이 있는
   경우

| 검사문항 | 해당 여부 |
|---|---|
| 1. 선천적 또는 후천적으로(예: 사고나 질병으로 인한 절단) 팔, 다시, 머리 부위가 전체 혹은 부분적으로 없거나 심한 변형이 있다. | |
| 2. 뇌성마비, 외상성 뇌손상, 척수장애, 이분척추(신경관결손)와 같이 신경과 근육에 영향을 주는 중추신경계 이상이 있다. | |
| 3. 진행성 근이영양증, 근위축증, 중증근무력증 등과 같은 근육질환이 있다. | |
| 4. 왜소증으로 키가 심하게 작거나 하지의 길이가 다르고 또는 척추에 변형이나 기형이 있다(예: 척추측만증 등). | |
| 5. 팔과 다리, 머리 부위에 골절이나 심한 화상으로 인한 기형적 변형이나 운동기능에 장애가 있다. | |
| 6. 뼈나 관절에 만성적인 염증으로 인하여 평소 심한 통증과 함께 운동기능에 장애가 있다(예: 골반염, 골수염, 관절염 등) | |

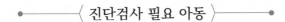

## 진단검사 필요 아동

다음 1 또는 2 중 하나에 해당되는 아동
1. ①항목에서 2문항 이상 해당
2. ②항목에서 1문항 이상 해당

## 5) 자폐스펙트럼장애

### ① 구어 및 비구어 의사소통

| 검사문항 | 자주 나타남 | 가끔 나타남 | 나타나지 않음 |
|---|---|---|---|
| 1. 간단한 질문이나 지시사항을 이해하지 못한다. | 2 | 1 | 0 |
| 2. 또래나 어른에게 먼저 의사표현을 하지 못한다. | 2 | 1 | 0 |
| 3. 특정 문구를 반복하거나, 특이한 어조나 억양을 보인다. | 2 | 1 | 0 |
| 4. 다른 사람의 말을 따라하는 반향어를 사용한다. | 2 | 1 | 0 |
| 합계 | | | |

### ② 사회적 상호작용

| 검사문항 | 자주 나타남 | 가끔 나타남 | 나타나지 않음 |
|---|---|---|---|
| 1. 상대방과 눈을 마주치지 않고 피한다. | 2 | 1 | 0 |
| 2. 친구 관계를 맺지 못한다. | 2 | 1 | 0 |
| 3. 다른 사람의 입장을 이해하지 못하고 자기 입장에서 행동한다. | 2 | 1 | 0 |
| 4. 사회적 놀이에 참여하지 않고 혼자서 논다. | 2 | 1 | 0 |
| 합계 | | | |

③ 제한적, 상동적 관심·행동·활동

| 검사문항 | 자주<br>나타남 | 가끔<br>나타남 | 나타나지<br>않음 |
|---|---|---|---|
| 1. 특정한 물건에 집착한다. | 2 | 1 | 0 |
| 2. 규칙적인 일과나 순서를 고집하고, 사소한 변화를 거부한다. | 2 | 1 | 0 |
| 3. 손뼉을 치거나 손가락을 돌리는 등 특정 행동을 반복한다. | 2 | 1 | 0 |
| 4. 사물의 전체 모습을 파악하지 못하고, 일부분에만 집착한다. | 2 | 1 | 0 |
| 합계 | | | |

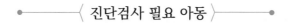

〈 진단검사 필요 아동 〉

다음 1, 2의 두 조건을 모두 만족하는 경우

1. ①, ②, ③, 세 영역의 합계를 합한 점수가 8점 이상임
2. 영역별 합계가 ①영역 4점 이상, ②영역은 2점 이상, ③영역은 2점 이상임

## 6) 의사소통장애

### ① 조음장애

| 검사문항 | 자주<br>나타남 | 가끔<br>나타남 | 나타나지<br>않음 |
|---|:---:|:---:|:---:|
| 1. 동일 연령의 아동과 비교할 때 발음이 불명확하고 알<br>아듣기 힘들어서 되물어야 하는 경우가 있다. | 2 | 1 | 0 |
| 2. 동일 연령의 아동과 비교할 때 말소리 체계에 대한 지<br>식이 부족하다. | 2 | 1 | 0 |
| 합계 | | | |

### ② 음성장애

| 검사문항 | 자주<br>나타남 | 가끔<br>나타남 | 나타나지<br>않음 |
|---|:---:|:---:|:---:|
| 1. 목소리의 높낮이와 크기, 음질이 적절하지 않아 듣<br>기에 거북하다. | 2 | 1 | 0 |
| 2. 습관적으로 음성을 과도하게 사용하거나 잘못 사용<br>한다. | 2 | 1 | 0 |
| 합계 | | | |

③ 유창성장애

| 검사문항 | 자주 나타남 | 가끔 나타남 | 나타나지 않음 |
|---|---|---|---|
| 1. 말을 할 때 의사소통 방해가 될 정도로 반복, 연장을 보이거나 힘을 들여 말한다. | 2 | 1 | 0 |
| 2. 말을 할 때 자연스럽게 말을 이어지지 못하고 속도나 운율이 규칙적이지 못하다. | 2 | 1 | 0 |
| 합계 | | | |

④ 언어장애

| 검사문항 | 자주 나타남 | 가끔 나타남 | 나타나지 않음 |
|---|---|---|---|
| 1. 동일 연령의 아동과 비교할 때 다른 사람의 지시 내용을 이해하는 데 어려움이 있다. | 2 | 1 | 0 |
| 2. 동일 연령의 아동과 비교할 때 간단한 문장으로 자신의 의사를 표현하는 데 어려움이 있다. | 2 | 1 | 0 |
| 3. 동일 연령의 아동과 비교하여 조사나 문장 어미와 같은 형태소 사용 능력이 부족하다. | 2 | 1 | 0 |
| 4. 동일 연령의 아동과 비교하여 낱말이나 문장을 이해하거나 표현하는 데에 어려움이 있다. | 2 | 1 | 0 |
| 5. 말을 하거나 들을 때 상대방의 의도를 잘 파악하지 못하거나 상황에 부적절한 대답을 하거나 반응을 보인다. | 2 | 1 | 0 |
| 6. 자발적인 의사소통 욕구가 부족하다. | 2 | 1 | 0 |
| 7. 언어자극에 적절한 반응을 보이지 않는다. | 2 | 1 | 0 |
| 합계 | | | |

다음 1, 2 항목 중 하나에 해당될 경우

1. ①, ②, ③영역의 경우 합계 2점 이상인 경우

2. ④영역의 경우 합계가 4점 이상인 경우

## 7) 건강장애

① 전문의로부터 만성질환으로 진단을 받은 적은 없지만, 건강상의 문제가 일상생활이나 학습 장면에 부정적인 영향을 주는 상태가 6개월 이상 지속되거나 연 30일 이상의 학업 결손이 있는 경우

| 검사문항 | 해당 여부 |
|---|---|
| 1. 악성빈혈, 허약, 특이체질 등 건강상의 문제로 인하여 결석이 매우 잦아 학업결손이 심하다. | |
| 2. 건강상의 문제로 인하여 체육활동이나 야외학습활동 등의 참여에 어려움이 많다. | |
| 3. 잦은 질병으로 인하여 장기간에 걸쳐 약물을 복용하고 있다. | |
| 4. 전문의로부터 특정 운동 및 활동 등에 대한 제약 소견을 받고 있다. | |
| 5. 배변이나 배뇨 기능의 문제로 장루나 요루에 시술을 받아 일상생활이나 학습장면에서 상당한 어려움을 겪어 학교에서 지속적인 특별건강관리 절차나 전문적인 의료적 도움이 필요하다. | |
| 6. 생명력과 활동에 필요한 전문적인 의료적 처치에 지속적으로 의존한다. | |

② 전문의로부터 아래와 같은 만성질환으로 진단을 받은 경우

| 검사문항 | 해당 여부 |
|---|---|
| 1. 심장병으로 3개월 이상의 장기입원 또는 통원치료 등 지속적인 전문 의료적 지원이 필요하다. | |
| 2. 신장병(염)으로 3개월 이상의 장기입원 또는 통원치료 등 지속적인 전문 의료적 지원이 필요하다. | |
| 3. 간질환으로 3개월 이상의 장기입원 또는 통원치료 등 지속적인 전문 의료적 지원이 필요하다. | |
| 4. 간질이나 천식으로 진단 받아 3개월 이상의 장기입원 또는 통원치료 등 지속적인 전문 의료적 지원이 필요하다. | |
| 5. 소아암, AIDS, 혈우병, 백혈병, 소아당뇨로 진단받아 3개월 이상의 장기입원 또는 통원치료 등 지속적인 전문 의료적 지원이 필요하다. | |
| 6. 위에 해당하는 것 이외의 만성 질환을 전문의로부터 진단받아 3개월 이상의 장기입원 또는 통원치료 등 지속적인 전문 의료적 지원이 필요하다. (병명:          ) | |

## 8) 학습장애

① 읽기

| 검사문항 | 자주<br>나타남 | 가끔<br>나타남 | 나타나지<br>않음 |
|---|---|---|---|
| 1. 단어를 보고 즉각적으로 읽지 못하거나, 자주 접하지 않는 단어나 새로운 단어를 올바르게 읽는 데 어려움을 보인다. | 2 | 1 | 0 |
| 2. 글을 읽을 수는 있으나 속도가 느리고, 읽을 때 자주 틀린다. | 2 | 1 | 0 |

| 검사문항 | 자주 나타남 | 가끔 나타남 | 나타나지 않음 |
|---|---|---|---|
| 3. 어휘력이 부족하다(예: 알고 있는 단어의 수가 적고, 알고 있는 단어도 충분히 이해하지 못하는 경우가 많다) | 2 | 1 | 0 |
| 4. 글을 읽고 중심 내용을 파악하는 데 어려움을 보인다. | 2 | 1 | 0 |
| 합계 | | | |

② 쓰기

| 검사문항 | 자주 나타남 | 가끔 나타남 | 나타나지 않음 |
|---|---|---|---|
| 1. 글씨를 지나치게 천천히 쓰거나, 글자가 크거나 글자 모양이 이상하고, 글자 간격이 지나치게 좁거나 넓다. | 2 | 1 | 0 |
| 2. 단어를 쓸 때 받침 등의 글자를 빠뜨리거나, 맞춤법에 맞지 않게 단어를 쓴다(예: 의견→의겨, 무릎→무릅, 믿는다→밀는다) | 2 | 1 | 0 |
| 3.글의 구성이 논리적이지 못하고, 글의 내용이 빈약하다 (예: 주제와 관련된 생각들을 단순히 나열하는 형태의 글을 쓰거나, 앞뒤 문맥이 맞지 않는 글을 쓴다). | 2 | 1 | 0 |
| 4. 글을 쓸 때 불완전한 문장을 쓰거나, 짧은 문장을 주로 사용하고 긴 문장을 사용하는 데 어려움을 보인다. | 2 | 1 | 0 |
| 합계 | | | |

③ 수학

| 검사문항 | 자주<br>나타남 | 가끔<br>나타남 | 나타나지<br>않음 |
|---|:---:|:---:|:---:|
| 1. 기본적인 수 개념이 부족하다. 두 수 중 큰 수 변별하기, 수 세기, 자릿값 등에 어려움을 보인다. | 2 | 1 | 0 |
| 2. 사칙연산의 계산에 오류가 많고, 시간이 오래 걸린다. 특히, 받아올림이 있는 덧셈이나 받아 내림이 있는 뺄셈에 어려움을 보인다. | 2 | 1 | 0 |
| 3. 문장 제 수학 문제 풀이에 어려움을 보인다. | 2 | 1 | 0 |
| 4. 시각-공간 능력이 필요한 도형, 측정 등의 문제 풀이에 어려움을 보인다. | 2 | 1 | 0 |
| 합계 | | | |

④ 기억·주의·지각

| 검사문항 | 자주<br>나타남 | 가끔<br>나타남 | 나타나지<br>않음 |
|---|:---:|:---:|:---:|
| 1. 다른 사람의 말을 듣고 의미를 파악하는 데 어려움을 보이거나, 적절한 단어를 선택하여 말하는 데 시간이 오래 걸리며, 유창하게 말하는 데 어려움을 보인다. | 2 | 1 | 0 |
| 2. 학습한 내용을 금방 잊어버리거나, 기억하는 데 어려움을 보인다. | 2 | 1 | 0 |
| 3. 중심 내용에 대해 집중하지 못하거나, 쉽게 주의가 산만해진다. | 2 | 1 | 0 |

| 검사문항 | 자주 나타남 | 가끔 나타남 | 나타나지 않음 |
|---|---|---|---|
| 4. 모양이 비슷한 글자나 숫자를 구별하지 못하거나(예: ㅈ/ㅊ, 6/9), 비슷한 말소리를 구별하지 못한다(예: ㄱ/ㅋ, 불/풀). | 2 | 1 | 0 |
| 합계 | | | |

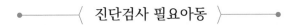

진단검사 필요아동

①, ②, ③, ④영역의 합계가 5점일 때

## 9) 발달지체

### ① 신체 발달

| 검사문항 | 자주 나타남 | 가끔 나타남 | 나타나지 않음 |
|---|---|---|---|
| 1. 혼자서 발을 번갈아가며 계단을 내려가지 못한다. | 2 | 1 | 0 |
| 2. 발을 번갈아 가며 껑충껑충 뛰지 못한다. | 2 | 1 | 0 |
| 3. 30cm 정도의 종이를 대칭이 되도록 반으로 접지 못한다. | 2 | 1 | 0 |
| 4. 크레파스를 사용하여 삼각형을 그리지 못한다. | 2 | 1 | 0 |
| 5. 일반적인 그림의 윤곽을 따라 오리지 못한다. | 2 | 1 | 0 |
| 합계 | | | |

② 인지적 발달

| 검사문항 | 자주 나타남 | 가끔 나타남 | 나타나지 않음 |
|---|---|---|---|
| 1. 서로 다른 물건 세 개를 보여주고 그 중 한 개를 숨기면, 숨겨진 물건의 이름을 말하지 못한다. | 2 | 1 | 0 |
| 2. ○, △, □ 등의 기본 도형의 이름을 말하지 못한다. | 2 | 1 | 0 |
| 3. 사물의 일부분이 빠져있는 그림을 제시했을 때, 그 빠진 부분을 찾아내지 못한다. | 2 | 1 | 0 |
| 4. "왜 이런 사람이 필요합니까?"라는 질문에 적절히 대답하지 못한다. | 2 | 1 | 0 |
| 5. 전자시계를 보고 시간을 말하지 못한다. | 2 | 1 | 0 |
| 합계 | | | |

③ 의사소통의 발달

| 검사문항 | 자주 나타남 | 가끔 나타남 | 나타나지 않음 |
|---|---|---|---|
| 1. 상대방의 지시에 따라 사물을 올바른 위치에 놓지 못한다. | 2 | 1 | 0 |
| 2. 어제, 오늘, 내일을 포함하는 질문에 정확하게 대답을 못한다. | 2 | 1 | 0 |
| 3. 전화의 내용을 듣고 상대방의 말에 적절하게 반응을 못한다. | 2 | 1 | 0 |
| 4. 대화 시 새롭거나 낯선 단어의 뜻을 묻지 못한다. | 2 | 1 | 0 |
| 5. 순서를 지키며 대화를 하지 못한다. | 2 | 1 | 0 |
| 합계 | | | |

④ 사회 및 정서적 발달

| 검사문항 | 자주 나타남 | 가끔 나타남 | 나타나지 않음 |
|---|---|---|---|
| 1. 또래보다 어른하고 놀기를 좋아한다. | 2 | 1 | 0 |
| 2. 자신이 하고 있는 놀이를 또래에게 함께 하자고 말하지 못한다. | 2 | 1 | 0 |
| 3. 공격적 또는 부적절한 행동이 아닌 적절한 행동으로 거절이나 싫음을 표현하지 못한다. | 2 | 1 | 0 |
| 4. 상대방의 감정을 읽고 그에 적절한 행동을 하지 못한다. | 2 | 1 | 0 |
| 5. 어른들이 이야기할 때 방해한다. | 2 | 1 | 0 |
| 합계 | | | |

⑤ 적응기술

| 검사문항 | 자주 나타남 | 가끔 나타남 | 나타나지 않음 |
|---|---|---|---|
| 1. 숟가락을 손가락으로 쥐어서 사용하지 못한다. | 2 | 1 | 0 |
| 2. 혼자서 큰 단추를 채워 옷을 입지 못한다. | 2 | 1 | 0 |
| 3. 혼자서 세수를 하고 수건으로 닦지 못한다. | 2 | 1 | 0 |
| 4. 혼자서 양치질을 하지 못한다. | 2 | 1 | 0 |
| 5. 대변을 본 후에 스스로 뒤처리를 하지 못한다. | 2 | 1 | 0 |
| 합계 | | | |

- ①, ②, ③, ④, ⑤영역 중 한 영역의 합계가 4점 이상인 경우
- 두 영역 이상을 합하여 4점 이상 나온 경우는 진단검사 필요 아동이

  아님

출처: 노선옥 외 (2009). 특수교육대상아동 선별검사

## 3. 감각통합 체크리스트

장애아동은 대체로 감각통합에 있어 많은 제한적 특성을 가지고 있다. 이러한 감각처리의 제한은 일상생활 적응에도 영향을 미치고, 발달의 불균형을 초래한다. 다음은 석경아 외(2021)가 감각통합적 도움이 필요한 아동의 특성을 설명한 목록을 토대로 미술치료사가 치료 시 내담아동의 감각통합적 발달특성을 이해하도록 체크리스트로 수정하여 제시하였다. 각각의 항목별로 체크되는 부분이 많다면 그 영역에 대한 감각통합적 도움이 필요하다고 이해할 수 있다.

### 1) 고유수용성 감각

고유수용성 감각은 우리 몸 안에서 느끼는 내부감각으로, 근육 수축 및 이완, 관절의 움직임 등에 대한 감각을 우리 뇌에 보내어 내 몸이 어디에 있는지, 무슨 행동을 하는지 알 수 있도록 하는 감각이다.

| 항목 | 내용 | 확인 |
|---|---|---|
| 힘이 없고, 어눌해 보인다. | 스스로 옷을 입거나 벗을 때 팔다리를 어떻게 해야 할지 모른다. | |
| | 자주 턱에 걸려 넘어질 뻔하고 장애물에 부딪힌다. | |
| | 계단 내려오는 것을 어려워한다. | |
| | 의자에 앉을 때 기대거나 구부정하게 앉는다. | |
| | 움직임이 큰 활동을 무서워한다. | |
| | 킥보드나 자전거 타는 것을 어려워한다. | |
| 힘 조절이 안 된다. | 연필을 너무 약하게 잡거나 연필 끝이 부러질 정도로 꽉 세게 잡기도 한다. | |
| | 컵에 물을 따를 때 너무 빠르고 세게 따라 물이 모두 쏟아진다. | |
| | 단순한 조작 장난감을 부러뜨리는 경우가 많다. | |
| | 친구들을 잡을 때 너무 세게 잡는다. | |
| 움직임이 너무 많고 쿵쿵 뛰는 것을 좋아한다. | 높은 곳에서 뛰어내리기, 제자리에서 점프하기, 넘어지는 것을 좋아한다. | |
| | 걸을 때 발바닥 전체를 쿵쿵거리며 걷는다. | |
| | 일부러 벽이나 난간을 손이나 막대로 치고 싶어 한다. | |
| | 잘 때 무거운 이불을 덮거나 꼭꼭 싸여있는 것을 좋아한다. | |
| | 운동화의 끈, 벨트 등을 꽉 매는 것을 좋아한다. | |
| | 온종일 놀아도 지치지 않는 것처럼 보인다. | |
| | 가방끈, 소매 끝, 긴 줄, 딱딱한 간식 씹는 것을 좋아한다. | |

## 2) 전정감각

전정감각은 귓속에 있는 전정기관과 세반고리관을 통해 느껴지는 감각으로 움직임, 중력, 균형과 관련이 있는 감각이다. 아동은 전정감각을 통해 자신의 움직임을 인식할 수 있게 된다.

| 항목 | 내용 | 확인 |
|---|---|---|
| 움직이는 활동에 예민하게 반응한다. | 놀이터에서 그네나 미끄럼틀, 회전하는 기구를 싫어한다. | |
| | 엘리베이터나 에스컬레이터 타기를 무서워한다. | |
| | 새로운 활동을 하고 싶어하지 않으며, 시도하기까지 시간이 오래 걸린다. | |
| | 자동차에서 멀미를 심하게 한다. | |
| | 잡기놀이나 아이들과 부딪히는 것에 예민하게 반응한다. | |
| 땅에서 발이 떨어지는 활동을 무서워한다. | 위험하지 않아도 위험한 것처럼 느끼며 무서워한다. | |
| | 아주 약간 높은 곳도 무서워하며, 길 가장자리로 걷는 것을 싫어한다. | |
| | 두 발이 땅에서 떨어지는 것을 무서워하여 들어 올려 안아주는 것을 거부한다. | |
| | 계단을 오르내릴 때 난간이나 엄마 손을 꽉 잡는다. | |
| | 머릴 감길 때 머리를 거꾸로 하거나 기울이는 것을 힘들어 한다. | |
| 더 많이 움직이고 싶어한다. | 어디에서든 계속 움직이고 싶어한다. | |
| | 놀이공원에 가면 속도가 빠르거나 회전하는 놀이기구를 좋아하며 계속 타고 싶어한다. | |
| | 다른 아이보다 트램펄린을 매우 좋아한다. | |
| | 놀이터에서 그네를 오랫동안 높이, 빠르게 타고 싶어한다. | |
| | 앉아서 수업을 듣는 것을 힘들어한다. | |

### 3) 촉각

촉각은 우리가 무엇을 만지는지, 무언가에 닿아있는지를 알게 해주며 닿아있는 것이 위협적인 촉각인지 아닌지를 구별하는 감각이다.

| 항목 | 내용 | 확인 |
|---|---|---|
| 만지기 싫어한다. | 목욕하기 싫어하거나 온도에 대해 민감하게 반응한다. | |
| | 누가 뒤에서 다가오거나 뒤에서 만지면 자주 깜짝 놀란다. | |
| | 작은 신체적 통증에도 과도하게 반응하며 며칠 동안 반복하여 이야기한다. | |
| | 새로 산 옷, 깃 있는 옷, 목까지 올라오는 옷, 모자 쓰기, 목도리 하기를 싫어한다. | |
| | 모래놀이, 풀, 점토놀이와 같이 묻는 놀이를 싫어하며 손에 조금만 묻어도 바로 씻겨 달라고 한다. | |
| | 손톱깎이, 칫솔질, 세수하기를 싫어한다. | |
| 촉각이 둔하다 | 코나 입 주위에 무언가 묻어 있어도 알아차리지 못한다. | |
| | 넘어져 다치거나 주사를 맞아도 반응이 거의 없다. | |
| | 자신이 어떤 것을 떨어뜨려도 알아채지 못한다. | |
| | 보지 않으면 누가 자신의 신체, 어느 부분을 만지는지 잘 모른다. | |
| | 눈으로 보지 않으면 지퍼올리기, 단추 끼우기와 같은 일을 할 수 없다. | |
| | 크레파스, 가위, 포크 등 도구를 잡거나 사용하는 것이 어눌해 보인다. | |

### 4) 시지각

시지각은 눈을 통해 들어오는 외부 정보를 지각하고 인식하는 것으로, 시지각이 발달할수록 좀 더 정확하게 시각 정보를 해석할 수 있게 된다.

| 항목 | 내용 | 확인 |
|---|---|---|
| 보고<br>활동하는 것을<br>어려워한다. | 모빌이나 비눗방울 등 움직이는 물체를 따라보는 것이 어렵다. | |
| | 서랍에서 물건을 찾거나 단체 사진 중 아는 얼굴 찾기에 어려움을 보인다. | |
| | 구멍에 맞추어 단추를 끼우거나, 신발을 바르게 놓는 데에 어려움이 있다. | |
| | 집중해야 하는 활동을 보지 않고 주변의 것만 쳐다보며 이야기한다. | |
| | 신발장에서 자기 자리를 찾아 신발을 놓는 것을 어려워한다. | |
| | 장소를 이동할 때 길을 잘 찾지 못하고 쉽게 잃어버린다. | |
| | 작은 물건(콩, 작은 블록조각 등)을 잘 잡지 못하고 놓친다. | |
| | 퍼즐 맞추기나 블록 쌓기를 잘하지 못한다. | |
| | 선에 맞추어 자르는 가위질 활동을 어려워한다. | |
| 읽고 쓰거나<br>그리는 것을<br>어려워한다. | 교실에 붙여 놓은 안내표시(숙제 제출하는 곳, 신발 놓는 곳)를 찾지 못한다. | |
| | 글자를 읽을 때 줄을 헷갈리거나 글자를 빼고 읽는다. | |
| | 글자를 거꾸로 쓰거나 글자 간격을 못 맞춘다. | |
| | 색칠할 때 자주 선 밖으로 튀어 나간다. | |
| | 도형을 그릴 때 각이나 닫힌 도형을 그리는 것을 어려워 한다. | |

## 5) 청지각

청지각은 귀를 통해 들은 청각 정보를 주변의 환경과 상호작용함으로써 우리가 듣는 것이 무엇인지 해석하는 감각을 말한다.

| 항목 | 내용 | 확인 |
|---|---|---|
| 소리에 너무<br>예민하다. | 갑자기 나는 소리에 화들짝 놀란다. | |
| | 공사장 소리나 자동차 경적에 예민하다. | |
| | 지하 주차장이나 극장처럼 소리가 울리는 곳에 가는 것을 싫어<br>한다. | |
| | 시끄러운 곳에 가면 쉽게 피곤해 한다. | |
| 소리에 집중하지<br>못한다. | 큰 소리로 말하거나 몇 번씩 불러야 반응한다. | |
| | 시끄러운 곳에서는 말을 잘 듣지 못하는 것 같다. | |
| | 소리가 난 방향을 알아차리는 것이 어렵다. | |
| | 보면서 듣는 것을 어려워한다. | |
| | 목소리 크기 조절을 잘하지 못하고 소리 지르듯 말한다. | |
| | 여럿이 동시에 말하는 경우 당황하거나 산만해진다. | |

## ◉ 02. 미술심리진단평가

### 1. 아동미술의 발달단계

아동의 그림과 미술표현은 아동의 전반적인 발달 수준을 드러낸다. 아동의 미술표현은 아동의 인지, 정서, 사회성, 언어, 신체 등의 발달과 관련이 있기 때문에 아동 미술의 발달단계를 이해하는 것은 중요하다. Lowen-feld(1947)는 아동의 미술표현단계를 6단계로 구분하여 다음과 같이 설명하고 있다.

## 1) 난화기(scribbling stage: 자아표현의 시작, 2~4세)

난화기는 자아표현이 시작되는 최초의 단계로써 상하좌우로 자유로이 그리며 점차 원과 각이 나타난다. 그림을 그리고자 하는 대상이 있어서 그리는 것이 아니라, 그리는 자체가 목적이고 즐거움이다. 난화기는 무질서한 난화기, 조절하는 난화기, 명명하는 난화기 등 3단계로 나눌 수 있는데, 각각의 내용은 다음과 같다.

### ① 무질서한 난화기(disordered scribbling)

이 시기는 1세부터 2세 사이에 나타나며 여러 방향으로 자유롭게 그림을 그리는데 개인차가 심하게 나타난다. 끄적거림은 어깨를 왼쪽에서 오른쪽, 위에서 아래로 움직이는 근육운동의 결과로 나타나며 움직임의 범위는 그림 크기와 비례한다. 이 시기는 별로 힘을 들이지 않고서도 다양한 흔적을 남기는 연필이나 크레용 등을 좋아한다. 또한 감각과 주변 환경의 접촉을 통한 반응으로 그리기 시작하여 무의식적으로 표현되기 때문에 동작의 통제가 불가능하다.

### ② 조절하는 난화기(controlled scribbling)

유아가 끄적거림을 시작하고 6개월 정도 지나면 시각과 근육운동 발달 사이의 협응 능력이 발달하게 된다. 유아는 자신이 근육을 어느 정도 조절하고 통제함에 따라 흔적이 만들어진다는 것을 인식하면서 자신의 움직임과 종이 위의 흔적들 사이에 어떠한 관련이 있다는 것을 알게 된다. 먼저 수평, 수직, 사선의 규칙적인 반복이 어느 정도 지나면 동그란 선이 나타난다.

### ③ 명명하는 난화기(naming scribbling)

이 시기에는 유아가 끊어진 난화를 그리고 나서 자신이 만들어낸 흔적에 이름을 붙이는 시기이다. 이 시기는 유아의 사고 변화를 나타내는 시기로 형태가 사실적으로 표현되지 않지만 자신의 그림에 이름을 붙이는 것은 발달에 있어 중요한 의미를 지닌다. 연속적으로 그려진 난화는 이제 끊어진 형태로 곡선과 직선이 섞여 나타나며, 유아는 자신이 만든 형태와 외부 세계를 연결 지으려고 한다. 인물화에서는 움직임을 명명하거나(달리기, 뛰기, 흔들기 등), 이미 그린 것을 활용하여 그리는 특징이 나타나고 그림을 그리는 도중 사물을 바꾸어 그리는 시기이다.

## 2) 전도식기(preschematic stage, 4-7세)

전도식기는 무의미한 표현과정에서 의식적인 표현으로 옮겨가는 상징적 도식(schema)의 기초단계로 좀 더 사실적인 표현이 나타난다. 이 시기의 아동은 표현된 것과 대상과의 관계를 발견하기 시작하고 반복을 통해 한정된 개념을 발달시키며 본 것보다 아는 것을 그린다. 모든 것을 자기중심적으로 표현하며 인물, 꽃, 나무, 해, 산 등을 주로 그린다. 아동은 사물을 그릴 때 크기나 위치를 자신이 원하는 대로 결정하고 그려진 대상 간의 관계가 없게 표현되며, 미술표현은 지극히 의사소통의 일부가 된다. 표현된 인물은 대개 미소를 지으며 앞을 본 자세를 취하고, 인물의 세부 신체묘사의 일부분이 없거나 왜곡되어 나타난다.

## 3) 도식기(schematic stage, 7~9세)

도식기에는 아동이 사물에 대한 도식 개념을 형성한다. 자신과 그려진 대상과의 관계를 공식화하고 그것을 도식화하여 표현하며, 중요한 부분이 강조되고 중요하지 않은 부분은 생략되는 등 자기중심적인 그림을 그린다. 그림에 객관적 표현이 드러나기 시작하며 인물을 중심으로 동물, 집, 나무,

꽃, 자동차 등을 그린다. 이 시기의 그림은 기저선, 전개 도식 표현, 생략, 과장, 주관적 경험을 포함한다. 공간적, 시간적 동시표현(투사법) 그림이 나타난다. 때때로 아동은 동시에 평면적인 것과 입체적인 것을 묘사하며, 동시에 각각 다른 시간에 연속적으로 일어나는 사건을 묘사하기도 한다.

### 4) 또래집단기(gang age, 9~11세)

또래집단기는 도식적 표현에서 벗어나 보다 객관적이고 사실적인 표현이 시작된다. 색채사용도 사실적인 표현이 강하게 나타나며 의복의 표현에도 관심을 보인다. 이 시기에 사실적 표현이 어려운 아동은 미술에 흥미를 잃어버리고 미술을 멀리하기도 한다. 그림 안에 이성의 식별이 나타나고 여아는 자기 옷에 대하여 더 관심을 갖게 된다. 이 시기는 자기의식이 확대되는 시기로 친구와 접촉하는 개인으로서 자신을 자각하고 사회적 독립에 관심을 가지며 또래와 무리 지어 놀거나 집단 속에서의 활동과 공동작업에 대한 의욕이 왕성하다. 또한 중첩과 기저선 사이의 공간을 인식하기 시작하며 위에서 본 모습을 표현한다.

### 5) 의사실기(psudo-natualistic stage, 11~13세)

이 시기는 논리적 시기로 표현 및 정보와 완성된 작품에 대한 중요도가 높아지면서 보다 사실적인 표현과 관찰을 통한 묘사가 나타난다. 자기중심적 표현에서 외부 세계에 대한 인식, 미래에 관심이 증가하고 3차원적 공간 표현, 명암 및 음영의 표현이 나타난다. 이 시기는 완성된 작품이 중요해지고 잘하려는 부담감으로 자유로움과 창의성이 감소한다. 아동이 선택하는 제작과정과 주제 선택에 따라 시각적(객관적인 형)과 비시각적(주관적인 형)으로 구분되는데, 시각형은 모델 동작에서의 다양한 차이와 변화하는 형태나 모양에 관심을 가지고 전체에서 세부로 들어가는 표현 방법이 나타난다. 비시각형은 모델에 크기 중점을 두지 않고 주관적으로 표현하며 부분들을 종합하는 방법을 사용한다. 또한 이 시기에는 원근감과 비례의 표현이 나타나고 지평선이 그려지며 먼 곳에 있는 것이 작게 보이게 그려지는 표현의 특징이 있다.

### 6) 결정기(period of decision, 13~16세)

이 시기는 풍부한 창의력과 뚜렷한 개성이 드러나는 시기로 주관적으로 대상을 탐구하고 표현한다. 시각형은 사물의 외형에서부터 접근하는데, 객관적이고 사실적인 표현이 지배적이다. 시각형은 근육운동 지각과 촉지각적 경험도 시각적 언어로 바꾸어 표현한다. 반면 촉각형은 주관적인 감정적인 표현이 주를 이룬다. 이 시기는 미술기법을 배우거나 목적에 맞는 그림을 그리려는 경향이 증가하며 작품의 완성도가 매우 중요해진다. 사실적 표현에 익숙한 아동은 표현활동에 흥미를 갖고 임하지만, 그렇지 않은 경우 자신을 미술에 소질이 없는 것으로 여기고 미술을 멀리하게 된다.

## 2. 미술심리진단평가의 종류

### 1) 집-나무-사람(H-T-P:House-Tree-Person) 그림심리진단평가

#### (1) 개관

HTP 그림검사를 이해하기 위해 인물화 그림의 발달 배경을 살펴보는 것이 필요하다. Goodenough(1926)는 인물화 발달과정을 아동기부터 청소년기까지 연구하면서 그림이 지능발달과 관계가 있다고 보았다. Harris(1963)는 자신의 연구를 기초로 하여 인물화를 개정하였는데, '남자 인물상, 여자, 인물상, 자기 자신을 그린 인물상' 등 세 가지를 그리도록 하였다. 또한 Machover(1949)는 정신분석이론을 토대로 인물화에서 나타난 다양한 특징들을 해석하였고 이를 통해 피검자의 성격특성을 이해하고자 하였다. 이후 Koppitz(1968)는 발달에 따른 점수체제 및 인물화 분석을 연구하였고, 인물화에서 정서와 발달적 측면을 평가하는 것에 초점을 두었다.

이렇듯 피검자의 성격 및 정서 상태를 평가하기 위한 인물화가 먼저 등장한 후 다양한 투사검사들이 개발되었다.

한편 Buck(1948)은 Goodenough(1926)의 인물화를 확장시켜 HTP 그림검사를 개발하였다. 이 세가지 주제는 누구에게나 친밀한 주제로 모든 연령대의 피검자에게 실시하기에 저항이나 방어가 적고 무의식의 활동과 연상작용을 활성화하는 상징성이 풍부한 주제이기 때문이다. 이 검사가 개발된 초기에는 지능검사를 보조하는 검사로 활용되었으나, 이후 피검자의 발달적 · 투사적인 측면에서 연구되었다. Hammer(1958)는 발달적 측면과 투사적 측면을 확인할 수 있는 평가도구로 HTP 그림검사를 더 정교하게 발전시켰고 투사(projection)기제에 대해 설명하며, 그림에서 나타나는 왜곡은 개인의 감정이나 욕구 및 갈등이 투사된 표현이라고 보았다.

한편 Machover(1949)는 검사용지를 개인의 환경으로 보았고 개인이 자신을 어떻게 지각하는지에 대한 표상이 사람 그림에서 드러난다고 하였다. 그는 '신체상(body-image) 가설'을 제시하며, 개인의 신체상은 삶에서 경험하게 되는 신체와 관련된 다양한 감각, 지각이나 감정 등의 경험을 통해 발달하고 그림에는 심리적 갈등이나 부적절감 등이 투사된다고 보았다.

HTP 그림검사는 현재 임상현장에서 피검자의 인지적 측면과 더불어 개인의 성격과 심리상태를 이해하는 검사로 가장 많이 활용되고 있다.

## (2) HTP 검사의 실시방법

HTP 검사는 표준화된 방법으로 실시해야 한다. 피검자가 그림을 그리고 난 후 제시되는 사후질문(PDI: Post Drawing Inquiry)에는 아래 제시된 내용들이 포함되어야 한다.

▷ 준비물
A4용지 4장, 연필, 지우개

▷ 시행절차

HTP 순으로 그림을 그리게 하는데 질문에 대해서는 피검자가 원하는 대로 자유롭게 그리도록 하며 그림에 대한 어떠한 단서도 제공하지 않아야 한다. 집 그림은 가로로 제시하고 나머지 나무, 사람 그림은 세로로 제시한다. 사람은 막대기 모양이 아닌 완전한 사람을 그리도록 안내하고 네 번째는 세 번째 그린 사람과 반대되는 성을 그리도록 지시한다(예: 남자를 그렸다면 그 다음에 여자를 그리도록 요청).

그림을 그리는 동안 특정 부분을 지우거나 머뭇거리는 등의 특정한 행동이 나타나면 그림을 완성한 시간과 함께 기록한다.

## (3) 질문단계(PDI: Post Drawing Interrogation)

집, 나무, 사람을 다 그린 후 아래의 질문을 통해 그림의 내용과 관련된 정보를 풍부하게 얻어 해석에 활용한다.

### ① 집 그림

• 누구의 집인가?

- 누가 살고 있는가?
- 이 집의 분위기가 어떠한가?
- 이 집이 있는 곳의 날씨와 계절이 어떠한가?
- 이 집은 무엇으로 만들어졌는가?
- 이 집을 보니 어떤 생각이 드는가?
- 이 집에 필요한 게 무엇인가?
- 나중에 이 집이 어떻게 될 것 같은가?

② **나무 그림**

- 이 나무는 어떤 종류의 나무인가?
- 이 나무의 나이는 몇 살인가?
- 이 나무는 어디에 있나?
- 이 나무가 있는 곳의 날씨, 계절은 어떠한가?
- 이 나무가 죽었는가, 살았는가?
- 이 나무의 건강은 어떠한가?
- 이 나무 주변에는 어떤 것들이 있는가?
- 이 나무의 소원은 무엇인가?
- 나중에 이 나무는 어떻게 될 것인가?
- 이 나무를 그리면서 생각나는 사람이 누구인가?

③ **사람 그림**

- 이 사람은 누구인가?
- 이 사람은 몇 살인가?
- 이 사람이 있는 곳의 날씨, 계절은 어떠한가?
- 이 사람은 무엇을 하고 있는가?

- 이 사람은 어떤 생각을 하고 있는가?
- 이 사람의 기분은 어떠한가?
- 이 사람의 소원이 있다면 무엇일까?
- 나중에 이 사람은 어떻게 될 것인가?

### (4) HTP 그림 검사의 해석

검사의 해석에 있어 검사자는 사후질문과정(PDI)을 통해 얻게 된 피검자에 대한 정보, 다른 심리검사 결과, 행동관찰 및 면담을 통한 정보와 함께 통합적으로 해석한다.

#### ① **구조적 분석**

형식적 분석이라고도 부르며 피검자가 무엇을 그렸느냐 하는 내용에 대한 분석이 아니고 그림을 어떻게 그렸는가를 분석하여 그림을 해석한다.

- 위치

피검자가 검사 용지의 윗부분에 그리는 경우 개인의 기대치가 높거나 현실 세계보다는 공상 세계에서 자신의 욕구를 충족하려는 것을 시사한다. 반면 용지의 아랫 부분에 그리는 경우는 낮은 에너지 수준, 우울감, 불안감 및 부적절감 등을 나타낸다.

- **크기**

그림의 크기는 자신에 대한 개인의 평가와 관련되며 그림이 클 경우 피검자의 공격성, 충동성, 낮은 통제력을 나타내고 그림이 작을 경우 열등감, 부적절감, 무기력감 등을 시사한다. 그림의 크기는 용지의 2/3정도가 적당하다.

- 필압

필압은 피검자의 에너지 수준, 긴장 및 자신감 정도를 드러낸다. 강한 필압은 높은 에너지 수준, 공격성, 충동성 등을 나타내지만 이를 통제하기 위한 시도로써 나타나기도 한다. 반면 약한 필압은 불안감, 위축, 두려움, 자신감 없음, 우유부단함 등을 나타낸다.

- 획(stroke)

피검자가 자신의 행동을 통제하려거나 과도하게 억제하려고 할 때 획을 길게 그릴 수 있다. 반면 피검자가 높은 불안으로 인한 긴장을 통제하고자 할 때 짧고 끊어진 획으로 그리는 경우가 있고 강한 충동성과 낮은 자기조절 능력으로 인해 짧고 뚝뚝 끊긴 획으로 그리는 경우가 있다. 연결되지 않은 선은 뇌의 기질적인 손상을 나타내기도 한다.

- 지우기

피검자가 그림을 그리다가 특정 부분을 반복해서 지우는 경우 특정 부분이 피검자에게 어떠한 의미가 있는지 살펴볼 필요가 있다. 지나치게 여러 번 지우는 경우 피검자의 불안감, 우유부단함이나 자기 불만족을 나타내기도 한다.

- 세부묘사

그림에서 드러나는 과도하고 자세한 세부묘사는 높은 불안감을 방어하기 위한 시도, 강박적 경향성, 과도한 억제로 해석한다.

- 왜곡 및 생략

그림에서 특정 부분이 왜곡되었거나 생략된 것이 있다면 그 부분과 관련된 피검자의 내적 갈등이나 부적절감을 나타낸다.

- 대칭성

지나치게 대칭을 강조하여 그린 경우 성격적으로 과도한 경직성, 융통성 부족, 강박적 경향으로 해석한다. 불안이 높거나 정서적으로 메마른 피검자의 그림에서도 대칭이 특징적으로 나타난다.

- 투명성

집 그림에서 실내가 다 보이게 그리거나 사람 그림에서 신체 장기를 그리거나 옷 위로 신체 부위를 그리는 경우 현실검증력의 문제나 정신증적 문제를 유추할 수 있다.

② 내용적 분석

내용적 분석에서는 피검자가 무엇을 그렸는가를 분석하고 사후질문과정(PDI)을 통해 피검자에게 직접 확인한 내용을 토대로 분석한다.

- 집

집은 피검자가 성장하여 온 가정 상황을 반영한다. 피검자가 자신의 가정과 가족관계를 어떻게 지각하며, 어떠한 감정과 태도를 가지고 있는지를 나타낸다.

• 지붕

지붕은 피검자의 정신생활 특히 공상 영역을 상징하는데, 공상적인 사고나 인지 기능과 관련된다. 피검자의 사고 활동과 현실검증력이 적절한 경우, 크기가 적절하고 균형있는 지붕이 그려진다. 지나치게 크거나 강조된 지붕은 조현병과 같은 자폐적 공상이나 우울한 내담자의 소망이 공상적으로 표현될 수 있다. 지나치게 작은 지붕은 인지과정이 적절히 이루어지지 않거나 이를 회피하고 억압하는 경향을 나타낸다. 지붕을 그물무늬로 표현하거나 음영처리 했다면, 우울, 죄책감, 부정적 공상에 대한 과잉통제가 있는지를 확인한다.

- 벽

벽은 피검자의 자아강도 및 자아통제력과 관련되어 있다. 튼튼한 벽은 건강한 수준의 자아를 나타내지만 얇은 벽이나 약한 벽은 약한 자아, 상처 입기 쉬운 자아를 나타낸다.

- 문

문은 대인관계에 대한 피검자의 태도를 나타낸다. 문이 어떻게 그려졌는지를 통해 피검자가 대인관계나 사회적 관계에 얼만큼 열려있는지를 확인할 수 있다.

- 창문

문이 환경과의 직접적인 상호작용이라면 창문은 환경과의 간접적이며 수동적인 접촉을 의미한다. 창문을 안 그렸을 경우 타인 및 외부세계와의 교류에 대한 관심의 결여, 외부세계와의 접촉에 대한 불편감 등을 나타낸다. 너무 많이 그려진 창문은 높은 관계 욕구를 나타낸다.

- 기타

집 주변에 울타리나, 나무, 꽃 숲을 그리기도 하는데, 추가로 그려진 사물은 피검자의 특징적인 부분을 반영하므로 상징하는 의미를 확인해 볼 필요가 있다.

- 나무

나무 그림에는 무의식적인 측면에서 피검자의 '자기상'과 '자기개념'을 나타내며 피검자 성격의 핵심적 측면이 나타난다.

- 기둥

나무기둥은 피검자의 성격구조의 견고함, 자아강도, 내면화된 자기 대상의 힘을 나타낸다. 기둥을 해석할 때는 전체적인 나무 크기와 비율을 고려해야 하는데, 나무 기둥이 나무 전체를 잘 유지할 수 있는 정도의 굵기가 적당하다. 과도하게 크고 넓은 기둥은 낮은 자아강도에 대한 보상의 시도로 그려질 수 있고 너무 좁고 약한 기둥도 심리적 힘이 약하거나 자아강도가 낮음을 의미한다. 나무에 있는 옹이구멍은 피검자의 성장과정에서의 심리적 외상을 상징하기도 한다.

• 뿌리

뿌리가 어떻게 그려졌나를 통해 피검자가 자신에 대해 갖는 안정감 정도 및 현실에 적응하는 자신의 능력에 대한 지각을 확인해볼 수 있다. 뿌리가 잘 그려지고 나무를 지탱하고 있다면 피검자가 현실세계에 잘 적응하는 것으로 볼 수 있다.

• 가지

가지는 나무에서 영양분을 흡수하여 성장하고 자라 나가는 부분으로 피검자가 현실 세계에서 자신의 욕구를 충족하기 위해 외부와 타인에게 접촉하고 대처하는 능력과 스스로 성취를 위해 노력하는 정도를 반영한다. 가지는 사람그림에서 팔이나 손에 해당하며, 피검자 자신이 소유하고 있는 능력을 어떻게 인지하는지를 나타낸다.

• 기타

아동의 그림에는 과일나무가 많이 그려지고 그려진 과일은 사랑과 관심에 대한 욕구를 나타낸다. 그 외에 새, 꽃, 둥지 등을 그려 넣는 경우 외부세계와의 접촉에 대한 불안을 보상하려는 시도 혹은 애정과 인정에 대한 욕구로 그려진다.

- 사람

사람 그림은 좀 더 의식적인 수준의 자기상을 드러낸다. 이는 자신의 갈등, 불안 및 충동을 그림 속의 신체상(body image)에 의식적으로 혹은 무의식적으로 투사해서 그린다는 것으로 볼 수 있으며, 자기상 뿐만 아니라 이상적인 자기나 자신이 지각하는 대상과 관련된 것에도 해당된다. 아동의 경우 부모와 같이 자신에게 중요한 대상이 그려지기도 한다.

• 머리

피검자의 인지적 능력, 공상활동이나 자기통제 능력에 대한 정보가 머리에서 드러난다. 지나치게 큰 머리는 지적능력이 부족한 것에 대한 보상의 시도나 지나친 공상활동으로 인한 사회적응의 불편감으로 볼 수 있고 작은 머리는 지적인 열등감이나 약한 자아의 표현이기도 하다. 아동의 경우 성인보다 비율적으로 큰 머리를 그린다.

• 얼굴

얼굴을 통해 피검자가 외부세계에 어떻게 접촉하는지 알 수 있다. 얼굴을 그리지 않은 것은 정체성의 혼란감이나 심한 우울 혹은 현실세계의 높은 부적절감을 나타낸다. 뒷모습을 그린 경우, 현실세계에서의 회피적인 성향과 예민함이나 거부적인 태도를 반영한다. 측면으로 그려진 경우에도 대인관계에서의 회피적인 성향 및 소심함을 시사한다.

• 눈

피검자의 마음의 창에 해당하는 눈은 개인이 환경에 어떻게 접촉하고 외부의 자극을 받아들이는지를 나타낸다. 눈은 외부세계와의 접촉에 대한 피검자의 태도나 기분을 드러내기 때문에 눈이 그려지지 않은 것은 대인관계에서의 높은 불안감이나 사고장애를 나타낸다. 머리카락이나 안경으로 가려진 눈은 외부세계와의 접촉에 대한 회피와 예민함을 시사하고, 눈이 크게 강조되어 그려진 것은 정서적 교류에 대한 예민함이나 편집증적 성향을 나타낸다. 반면 너무 작은 눈은 외부세계보다 자기에게 집중하는 내향성이나 자기도취를 반영하기도 한다.

• 코

코는 아동의 그림에서 자주 생략된다. 코가 그려지지 않은 것은 자신이 어떻게 보여지는지에 대해 자신없거나 소심함을 나타낸다. 자신의 외모에 자신이 없고 위축된 경우 작은 코가 그려지고, 코를 강조하여 크게 그리는 것은 외부 자극에 대한 예민함이나 외모에 대한 관심을 나타내기도 한다.

• 입

입은 자신을 표현하는 심리적 충족과 관련된 부분으로, 음식을 섭취하는 생존과 디인과 의사소통하는 부분으로 나누어볼 수 있다. 입을 강조하여 그린 경우 피검자의 구강기적 특성이나 언어적인 문제를 나타낼 수 있고, 입이 생략되었다면 중요한 타인과의 관계에서의 결핍이나 갈등 혹은 우울감을 나타낼 수 있다. 작은 입은 정서적 교류에 있어 방어적이고 회피적인 태도로 볼 수 있고, 선으로 그려진 입은 냉담한 태도를 시사한다.

• 목

목은 신체와 머리를 연결해주는 부분으로 적절하게 그려진 목은 피검자의 통제감과 조절능력을 의미한다. 목을 그리지 않은 경우, 충동성, 사고장애나 뇌기능 장애를 유추해볼 수 있다.

• 팔과 손

팔과 손은 피검자가 세상과 직접 접촉하는 부분으로 나무그림에서 가지와도 비슷한 의미를 지닌다. 팔과 손을 통해 피검자가 현실세계에서 얼마만큼 자신의 대처능력을 활용하여 욕구를 충족하고 상호작용하는지를 알수 있다. 팔을 그리지 않거나 몸 뒤로 가려져 그리거나 한쪽 팔만 그린 경우 외부 세계에서의 대처나 상호작용에서의 불편감과 회피적인 태도를 나타낸다. 짧은 팔은 세상에서 접촉하고 상호작용하는 데 부적절감을 느낀다고 볼 수 있고 너무 길게 그려진 팔도 부적절함에 대한 보상의 시도로 볼 수 있다. 손은 외부 세계에 대한 자신의 통제능력을 더 구체적으로 나타낸다. 원모양의 손은 피검자의 의존성을, 뾰족하게 그려지거나 큰 손, 혹은 주먹을 쥔 손은 경우에 따라 공격성을 나타낸다. 작은 손은 심리적 불안정감이나 무력감을 반영한다.

- 다리와 발

다리는 피검자가 일상생활에서 서고 움직일 수 있는 부분으로 현실에서의 안정감과 대처능력을 나타낸다. 다리를 그리지 않거나 한쪽 다리만 그린 경우, 현실 세계에서 대처하는 능력의 부족이나 자신감 부족을 나타낸다. 반면 다리가 너무 크거나 길게 그려진 경우, 안정감에 대한 욕구와 연관될 수 있고 작은 발은 자신감 부족과 수동적인 태도를 반영한다. 발을 그리지 않은 경우에도 자율성의 부족이나 위축감을 나타내는데, 오히려 큰 발은 자율성을 과하게 강조함으로써 자율성 부족이나 두려움을 보상하려는 시도로 해석할 수 있고, 작은 발은 이에 대한 위축과 자신감 없는 상태를 반영한다. 동그랗게 그려진 발은 의존성을, 뾰족하게 그려진 발은 자율성과 관련된 적대감이나 분노를 나타낸다.

- 기타

7세 이하의 아동은 어머니가 자신에게 중요한 대상이 되기 때문에 사람 그림에서 여성을 먼저 그리는 경우가 있다. 이성상을 먼저 그리는 경우 이성에 대한 성적 관심이 있고 그 대상과의 심리적 밀착을 나타내거나 성 정체성에서의 혼란을 반영할 수도 있다. 의복을 그릴 때 단추를 그리는 경우 유아적인 성향이나 의존성을 반영한다.

## 2) 동적가족화(KFD: Kinetic Family Drawing) 그림심리진단평가

### (1) 개관

가족화(Drawing A Family)에 가족구성원의 움직임을 첨가한 투사화인 동적가족화(KFD: Kinetic Family Drawing)는 Burns와 Kaufman(1970)에 의해 개발되었다. 가족화에서는 잘 드러나지 않는 가족의 역동성이나 가족구성원에 대한 감정 및 태도 등을 동적가족화에서는 파악할 수 있고, 가족에 대한 지각, 부모와 형제 및 자매에 대한 지각, 자신에 대한 지각 및 가족 내에서 피검자 자신의 심리적인 위치나 역할에 대한 풍부한 정보를 얻을 수 있는 투사검사이다.

KFD는 그림에 '운동성'과 같은 움직임을 도입하여 자기 자신을 포함한 가족구성원 모두가 무엇인가를 하고 있는 장면을 그리도록 하였는데, 이는 가족구성원들의 역동성을 통해 가족에 대한 피검자의 감정을 표현하게 하고, 가족 구성원 중 자신에게 심리적으로 긍정적이거나 부정적인 영향을 미치는 사람이 드러나게 한다. 또한 가족 구성원의 친밀감이나 단절감 혹은 가족 내의 정서적 역동성이 자연스럽게 표현된다.

### (2) KFD검사의 실시방법

#### ① 준비물

A4용지, 연필, 지우개

② 시행절차

A4용지 한 장과 연필과 지우개를 준비하고 피검자에게 종이를 가로로 제시하며 '자신을 포함하여 가족구성원이 무엇인가 하고 있는 그림'을 그리도록 지시한다. 질문에 대한 답변은 자유롭게 하도록 안내하며 사람 그림을 그릴 때 막대기 모양이 아닌 완전한 사람을 그리도록 지시한다. 시간제한은 없으나 일반적으로 20-30분 정도 소요되며, 그림을 완성한 후 피검자가 그림을 그릴 때 걸린 시간을 측정하여 기록한다. 그림을 완성한 후 그림 속에서 인물상을 그린 순서, 그린 인물상이 누구인지, 무엇을 하고 있는지를 확인하는데, 다음 질문단계에서 이와 관련한 충분한 정보를 얻는다.

③ 질문단계

- 이 사람은 지금 무엇을 하고 있는가?
- 이 사람의 좋은 점(장점)은 무엇인가?
- 이 사람의 나쁜 점(단점)은 무엇인가?
- 이 그림을 보면서 무슨 생각을 했는가?
- 이 그림을 보면 무슨 생각이 드는가?
- 이 그림에 그려진 상황 바로 전에는 어떤 일이 있었을 것 같은가?
- 앞으로 이 가족은 어떻게 될 것 같은가?
- 이 그림에서 무언가를 바꿀 수 있다면 무엇을 바꾸고 싶은가?

(3) KFD검사의 해석

KFD의 해석은 '인물의 활동(action)', '그림의 양식(style)', '그림의 상징(symbols)', '역동성(dynamics)' 및 '인물상의 특성(figure characteristics)'의 다섯 가지 영역으로 이루어진다.

① **인물상의 행위**

가장 먼저 그림 속 가족 구성원이 무엇을 하고 있는지를 확인하는데, 인물 행위의 상호작용 측면에서 가족구성원 모두가 상호작용하고 있는지 아니면 일부만 상호작용을 하는지, 상호작용이 없는지에 따라 가족의 전체적 역동성과 피검자가 지각하는 가족관계를 볼 수 있다.

② **그림의 양식**

피검자가 가족구성원에 대한 감정과 역동 및 신뢰감 등을 인물상의 거리나 접근 정도를 강조하거나 숨기기도 하며 의식적으로 혹은 무의식적으로 드러내는 형태로 나타내는 것을 '그림의 양식'에서 확인할 수 있다. 그 특징에 따라 일반적인 양식, 구획화, 포위, 가장자리, 인물하 선, 상부의 선, 하부의 선, 종이접기 등으로 분류한다.

- 일반적 양식

일반적으로 우호적이고 친밀한 상호작용을 하는 가족구성원들이 표현된다. 인물 간에 복잡한 혹은 뚜렷한 장벽이 없고 거리감이 느껴지지 않으며, 인물들이 한 공간 안에 함께 있는 모습으로 그려진다.

- 구획화

그림에서 특정 가족구성원을 직선이나 곡선을 사용하여 의도적으로 구분하거나 분리하는 경우다. 구획화는 가정 내의 긍정적인 상호작용이나 정서적 교류가 없는 경우 나타나는데, 극단적인 양식으로 아예 검사 용지를 접는 경우가 있고, 용지를 사각형으로 테두리를 둘러서 가족구성원을 각각 그리는 경우도 있다.이는 자신과 가족구성원을 분리시켜 감정을 철회하거나 회피하고자 하는 마음을 반영한다.

- 포위

포위는 그려진 인물을 어떤 사물이나 선으로 둘러 싸고 있는 양식으로, 인물과 인물 간 사이에 사물이 있어서 이들이 직접 연결되지 않는다. 예를 들면, 인물이 침대 위에 앉아 있다든가, 줄넘기의 줄로 사람을 감싸서 포위한 형태이다. 이는 자신에게 위협적으로 느껴지는 인물로부터 자신을 분리하기 위한 시도나 특정 인물에 대한 정서적 단절을 의미한다.

- 가장자리

검사 용지의 가장자리에 인물을 그리는 것은 검사에 대한 심리적 저항이나 긴장이나 위축된 경우에도 나타난다.

- 인물하 선

특정 가족구성원에 대한 불안감이 강한 경우 혹은 위협을 느끼는 경우 이를 강조하기 위해 인물 아래 선을 긋는다.

- 상부의 선

불안 또는 걱정이나 공포감이 있을 때 상부의 선이 그려지기도 하는 데, 전체적 상단을 따라서 그려진 경우가 있고 특정 인물 위에 부분적으로 그려지기도 한다.

- 하부의 선

가정 내에서 현재 강한 스트레스를 받고 있으며 도움이 필요할 때 하부의 선이 나타난다. 붕괴 직전에 놓인 가정에서 피검자가 높은 스트레스에 노출된 경우 한 선 이상이 전체적 하단을 따라 그려질 수 있다.

③ **상징**

KFD에 그려진 모든 사물에 대해 동일한 임상적 의미를 부여하는 것은 적합하지 않고, 그림에 그려진 사물에 대한 해석에 있어 사후질문과정(PDI)

을 통해 얻은 정보를 활용하여 통합적으로 해석하는 것이 적절하다. 모든 피검자에게 상징이 동일한 의미를 지닌다고 볼 수는 없으나 임상적으로 의미를 부여할 수 있는 상징들은 표 5-3과 같이 분류된다.

**표 5-3 KFD검사의 상징 해석**

| 상징 해석 | 표현된 내용 |
|---|---|
| 공격성, 경쟁심 | 공, 축구공, 그 외 던질 수 있는 사물, 빗자루, 먼지털이 등 |
| 애정, 양육, 희망 | 태양, 전등, 난로 등과 적당한 양의 열과 빛(빛이나 열이 강력하고 파괴적일 때는 애정이나 양육의 욕구, 증오심을 나타내기도 함), 다리미(다림질을 하고 있는 어머니의 행위에 수반해서 그려짐), 요리하는 어머니<br>＊ 아동의 그림에서는 태양은 일반적으로 나타나므로 특별한 의미가 없을 수 있다 |
| 분노, 거부, 적개심 | 칼, 총, 방망이, 날카로운 물체, 불, 폭발물 등 |
| 힘의 과시 | 자전거, 오토바이, 차, 기차, 비행기 등<br>(자전거를 제외하고 모두 의존적 요소에 의한 힘의 과시) |
| 우울감 | 물과 관련된 모든 것, 비, 바다, 호수, 강 등 |

④ 그림의 역동성

그림의 역동성은 그려진 순서, 인물상의 위치, 인물사의 크기, 인물상의 거리, 인물상의 얼굴 방향, 인물상의 생략, 타인의 묘사 등을 통해 확인한다.

- 인물 묘사의 순서

그림을 그린 순서는 실제 가족 내 서열을 반영하거나 정서적으로 중요한 대상의 순서를 나타낸다. 이를테면, 아버지가 어머니보다 먼저 그려진 경우, 피검자에게 아버지가 더 중요한 대상이라는 것을 의미한다. 가정에서

별로 중요한 역할을 하지 못하거나 피검자에게 중요도가 떨어지는 경우 가장 마지막에 그려진다.

- 인물상의 위치

인물이 검사용지의 어디에 위치하느냐를 살펴보는데, 인물상의 위치에 따라 임상적인 의미가 있다. 가정 내에서 가족을 이끌어가는 주도적이고 지배적인 인물일수록 용지의 상단에 그려지고, 우울하거나 에너지가 부족한 인물은 용지 하단에 그려진다. 우측에 그려진 인물상은 활동적이고 적극적인 성향을 나타내고 좌측에 그려진 인물은 소극적이거나 침체적인 성향을 나타낸다.

- 인물상의 크기

인물상의 크기는 가족구성원의 실제 키를 반영하기도 하고 인물상의 중요도에 대한 피검자의 주관적인 표현이기도 하다. 크게 그려진 인물은 권위 있는 대상으로 가족 내 중심적 위치에 있고, 작게 그려진 인물은 중요도가 떨어지거나 무시의 의미를 지닌다.

- 인물상의 거리

인물간 거리는 가족 구성원 간 친밀한 정도나 심리적 거리에 대한 피검자의 주관적인 표현이다. 가족구성원 간 사이가 좋을수록 거리가 가깝게 그려진다. 인물 간 사물이 있거나 분리되어 거리가 멀리 그려졌다면 피검자가 실제 느끼는 정서적 거리감을 의미한다.

- 인물상의 방향

인물상이 그려진 방향에 따라 임상적 의미가 달라진다. 그려진 인물상이 '앞모습'일 경우 피검자가 긍정적인 감정으로 지각하는 대상이며, '옆모습'일 경우 반긍정, 반부정적인 양가적인 감정을 반영한다. 반면 '뒷면'으로 그려진 인물상에 대해서는 부정적인 감정과 태도로 지각한다고 볼 수 있다.

- 인물상의 생략

가족구성원 중 특정 인물이 그려지지 않았거나 그림을 그리다가 지웠을 경우 해당 인물에 대한 부정적인 감정이 있거나 양가감정을 유추해볼 수 있다. 가족원의 일부를 용지의 뒷면에 그리는 경우도 간혹 있는데, 이런 경우 그 인물과의 직접적인 갈등을 시사한다.

- 타인의 묘사

피검자에게 친밀하거나 신뢰할만한 대상인 경우 가족구성원 외의 인물로 그려진다. 초기 애착대상으로서 할머니나 이모가 그려지는 경우가 있고 친구가 그려지기도 한다.

⑤ 인물상의 특징

KFD에서 해석할 필요가 있는 인물상의 특징은 다음과 같다.

- 음영

특정 인물의 신체 부분이 음영처리되었을 경우, 그 신체 부분에 대한 몰두, 고착, 불안을 반영하기도 하며, 음영이 표시된 인물에 대한 부정적인 감정이나 적개심 등의 표현일 수 있다.

- 얼굴 표정

그림에서 드러나는 인물의 표정은 피검자가 실제 가족 내에서 지각하는 정서적 반응일 수도 있고 자신이 가족구성원에게 느끼는 직접적인 감정이 되기도 한다. 표정을 그리지 않는 경우, 가족 내에서 느끼는 정서적 어려움이나 갈등이 있지만 이를 회피하려는 시도로 볼 수 있다.

- 회전된 인물상

특정 가족구성원만 다른 방향으로 그리거나 회전하여 그리는 경우 그 구성원에 대한 거리감, 거부감, 또는 불편감 등을 반영한다. 그러나 경우에 따라서 그림 표현력의 부족으로 회전된 인물상을 그릴 수 있다.

- 막대기 모양 인물상

인지적인 어려움이 없는 피검자가 막대기 모양의 사람을 그린 것은 가족 간에 정서적 유대감이 부족함을 의미하거나 검사에 대한 강한 저항일 수 있다.

### 3) 동적물고기가족화(KFFD: Kinetic Fishes Family Drawing) 그림심리 진단평가

KFFD는 어린 내담자가 지각하는 가족의 모습을 보기 위해 실시하는 그림 심리검사이다. 아동에게 인물화로 표현된 가족구성원 간의 갈등, 심리적인 거리감 등을 이야기하는 것은 위협적일 수 있는데, 이때 은유적으로 가족을 어항 속 물고기의 모습으로 표현하게 한다. 이 검사는 어항 속 물고기 가족들이 무엇인가를 하고 있는 모습을 그려 가족 간의 역동성을 확인할 수 있다. 동물가족화와 마찬가지로 가족을 물고기로 대체함으로써 방어나 저항을 감소시켜 주고 어항이라는 구조로 테두리 기법과 같은 심리적 안정감을 제공한다.

### (1) 준비물

어항이 그려진 A4용지, 연필, 색연필

### (2) 실시방법

피검자에게 물고기를 가족이라고 생각하고 어항 속에 물고기 가족이 무언가 하고 있는 그림을 그리고 어항 속에 그려 넣고 싶은 것은 자유롭게 표현하도록 안내한다. 그림이 완성된 후 각각의 물고기가 누구를 나타내는지, 그려진 순서, 무엇을 하는지 등을 질문한다.

## (3) 해석기준

| | 해석 항목 및 내용 |
|---|---|
| 어항의 형태 | • 안정된 정서: 어항과 물고기의 조화가 적당하고 동적인 움직임이 있으며 공간이 여유롭고 물풀이 조화로움 |
| | • 불안정한 정서: 어항에 손잡이나 받침을 첨가하여 그린 경우(외부로부터 도움을 요청하는 안전에 대한 욕구) |
| | • 자기중심적: 나를 어항의 중앙에 그리고 먼저 그렸으며 위에 그린 경우<br>• 권위적: 나를 중심으로 수직적으로 그렸을 때<br>• 친밀감: 나를 중심으로 수평적으로 그렸을 때 |
| 물고기의 형태 | • 물고기의 크기<br>　지나치게 큰 물고기: 외향적 성격 및 자기중심적<br>　지나치게 작은 물고기: 내향적 성격 및 자아축소<br>　화려한 물고기: 감정적 및 감각적 |
| | • 대인관계<br>　물고기 가족 외에 주변에 첨가적인 표현이 없을 때: 가족에 대한 관심도의 표현 또는 대인관계에 대한 고민을 나타냄<br>　주변 장식에 치중하는 경우: 외부 시선에 대한 민감함과 체면을 중시하는 성향을 나타냄 |
| | • 무리 지은 물고기의 형태<br>　무리를 지은 물고기: 원만한 대인관계 및 애정적 성향<br>　하단에 집중된 물고기: 사고적 성격<br>　상단에 집중된 물고기: 행동적 성격 |
| | • 물고기의 모양<br>　이빨을 드러낸 물고기: 공격적인 정서<br>　임신한 물고기/아기물고기: 퇴행, 모성회기 욕구, 결여된 자신감 |
| 물풀과 자갈 | • 물고기보다 지나치게 무성한 물풀이나 커다란 자갈표현: 열등감 |
| | • 어항 밖으로 뻗은 수초, 물 위에 떠 있는 수련 잎을 크게 그린 경우:<br>　대인관계 장애 |

| | |
|---|---|
| 산소기와 물방울 | • 성격(성향) |
| | 산소기: 의존적인 성격 |
| | 큰 물방울: 감정의 둔감함 |
| | 작은 물방울: 타인에 민감한 성격 |
| | • 분출욕구 |
| | 밖으로 연결된 물 호수: 억압으로부터의 분출 욕구 |
| | • 정서상태 |
| | 어항 속 물이 절반 이하인 경우: 정서적 결핍 |

이 외의 그린 순서, 물고기 간의 거리, 방향, 생략, 타인의 묘사 등의 해석은 동적 가족화의 해석을 참조한다.

**그림 5-1  경계선 지능 초등학교 5학년 여아의 동적물고기가족화**

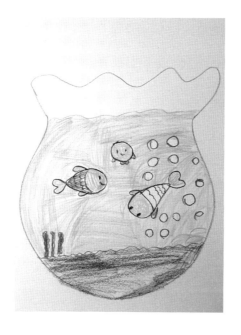

## 4) 새둥지화(Bird's Nest Drawing: BND) 그림심리진단평가

BND는 피검자가 어떻게 가족을 인지하고 가족구성원 간의 갈등 및 역동은 어떠한지 파악할 수 있는 검사로써 가족화와 유사한 정보를 얻을 수 있으며, 피검자의 애착체계와 애착과 관련된 가족역동성의 개인내적 표상을 이해하는 데 유용하다(Francis, Kaiser, & Deaver, 2003). BND는 Kaiser(1996)에 의해 개발되었는데, 이 검사는 비교적 쉽고 빠르게 그림을 그릴 수 있고 사람을 그리는 검사보다 위협적이지 않기 때문에 피검자의 방어가 줄어들게 된다.

새둥지의 상징성을 살펴보면, 정서적인 측면과 인지적인 측면 모두를 가지고 있다고 볼 수 있다. Kaiser(1996)는 새둥지가 안전과 보호의 은유적인 인식뿐만 아니라 정신적으로 애착경험을 나타낸다고 보았고, Edinger(1972)에 따르면 새둥지가 담는 기능과 어머니의 자궁과 같은 형태로써 모성애와 보호를 상징한다고 하였다. 따라서 BND를 통해 보호, 돌봄, 양육과 관련된 피검자의 경험을 알 수 있으며, 타인과의 상호관계성과 더불어 피검자의 근본적인 목표, 믿음 및 애착행동의 형성을 알 수 있다(Sheller, 2007).

### (1) 준비물

• Kaiser(1996)의 방법:

A4 용지, 지우개, 연필, 8색의 가는 마커펜(검정, 빨강, 노랑, 파랑, 초록, 주황, 갈색, 보라)

• Francis, Kaiser와 Deaver(2003)의 방법:

A4용지, 12색/18색 채색 도구(마커, 크레파스, 색연필)

## (2) 시행절차

피검자에게 새둥지를 그리도록 안내하고 검사와 관련된 질문에는 자유롭게 그리도록 지시한다. Francis, Kaiser와 Deaver(2003)의 시행절차에서는 그림을 그린 후 피검자에게 2~5문장의 이야기를 적어달라고 요청한다.

## (3) 질문단계

- 이 그림의 계절은 언제인가요?
- 시간은 언제인가요?
- 만약 새를 그렸다면: 이 새는 지금 무엇을 하고 있나요?
- 새와 알이 있다면: 새와 알의 관계는 어떻게 되나요?
- 앞으로 새와 알은 어떻게 될 것 같나요?
- 그림에서 마음에 들지 않는 부분이 있다면 어느 부분인가요?
- 그림에서 추가하고 싶은 부분이 있나요?

## (4) 해석기준 및 해석

BND의 애착지표는 초기에 Kaiser(1996)에 의해 14개의 평가지표가 제시되었다. 그후 Francis, Kaiser와 Deaver(2003)의 연구에서 18개의 수정된 평가지표가 제시되었다. 국내 연구에서는 여러 연구자들에 의해 평가지표가 수정되어 사용되어 왔고, 이장에서는 김갑숙과 김순환(2008)이 제시한 평가지표를 제시하였다.

① Kaiser(1996)의 애착평가지표

Kaiser(1996)의 애착평가지표에는 초기 9개의 애착평가지표(Attachment Rating Scale: ARS)를 확장시킨 총 14개 항목이 포함되어 있다. 1~4 항목은 둥지의 담는 기능, 5~9 항목은 정신건강 혹은 병리학, 10~14항목은 새들에 관한 내용을 포함하고 있다. 각 항목은 '예', '아니오'로 채점한다.

**표 5-4 Kaiser(1996)의 애착평가지표**

| 요소 | | 애착지표 | 채점기준 |
|---|---|---|---|
| 둥지의 담는 기능 | 1 | 내용(contents) | 둥지에 내용물이 있는가? |
| | 2 | 나무(tree) | 둥지는 나무에 의해 지지받고 있는가? |
| | 3 | 바닥(bottom) | 둥지에는 바닥이 있는가? |
| | 4 | 담을 가능성(able to contain) | 어떤 내용물이 들어 있든지 떨어지지 않도록 둥지가 기울어지지 않았는가? |
| 정신 건강/ 병리학 관련 | 5 | 공간(space) 사용 | 용지의 1/3 이상 사용하였는가? |
| | 6 | 둥지의 위치(placement) | 둥지를 중심에 두었는가? |
| | 7 | 색상(color) | 3~5개의 색상을 사용하였는가? |
| | 8 | 선의 질(line quality) | 선은 적절한가? |
| | 9 | 둥지의 크기(size) | 여백이 1/3 이하인가? |
| 새 | 10 | 아기 새(baby birds) | 아기 새가 들어 있는가? |
| | 11 | 부모 새(parent birds) | 부모 새가 들어 있는가? |
| | 12 | 아기 또는 부모 새 (either baby or parent birds) | 아기 또는 부모 새가 들어 있는가? |
| | 13 | 두 부모 새(two parent birds) | 두 부모 새가 들어 있는가? |
| | 14 | 알(only eggs) | (새는 없고) 단지 알만 들어 있는가? |

출처: Kaiser (1996). Indications of attachment security in a drawing task.

② Fraincis, Kaiser와 Deaver(2003)의 애착평가지표

Fraincis, Kaiser와 Deaver(2003)의 애착평가지표는 Kaiser(1996)의 애착평가지표를 확장시켜 18개의 항목으로 구성되었으며, 각 항목은 '예', '아니오'로 채점된다.

**표 5-5 Fraincis, Kaiser와 Deaver(2003)의 애착평가지표**

| | 애착지표 | 채점기준 |
|---|---|---|
| 1 | 새와 새의 활동 | 새가 그려져 있는가? |
| 2 | | 새가 날고 있는가? |
| 3 | | 둥지에 새가 있는가? |
| 4 | | 전체 새 가족이 그려져 있는가? |
| 5 | | 부모 새가 뚜렷하게 구별되는가? |
| 6 | | 양육활동이 있는가? |
| 7 | 둥지 | 둥지에 알이 있는가? |
| 8 | | 위에서 본 둥지 모습인가? |
| 9 | | 둥지가 기울었는가? |
| 10 | | 옆에서 본 둥지 모습인가? |
| 11 | 나무 | 전체 나무가 그려져 있는가? |
| 12 | | 둥지가 나무에 있는가? |
| 13 | | 나무가 죽었거나 죽어가고 있는가? |
| 14 | 기타 | 예상치 못한 요소가 포함되어 있는가? |
| 15 | 선의 질 | 희미한 선으로 그려져 있는가? |

| 16 | 색 사용 | 그림에 색을 사용하였는가? |
|----|--------|--------------------------|
| 17 | | 네 가지 이상의 색을 사용하였는가? |
| 18 | | 녹색이 다른 색보다 두드러지게 많이 사용되었는가? |

출처: Francis, Kaiser, & Deaver (2003). Representations of attachment security in Bird's
Nest Drawing of clients with substance abuse disorder.

③ 김갑숙과 김순환의 애착평가지표

김갑숙과 김순환(2008)의 애착평가지표는 Kaiser(1996)과 Fraincis(2003)
의 연구를 참고로 수정 및 보완되어 14개 항목으로 구성되었는데, 이 애착
평가지표는 '예', '아니오'로 대답하는 것보다 더 구체적으로 평가할 수 있
게 되어있다.

**표 5-6  김갑숙과 김순환(2003)의 애착평가지표**

| | 애착지표 | 채점기준 |
|---|---------|---------|
| 1 | 둥지 내용 | 빈 둥지, 알만 있음, 새만 있음, 알과 새가 있음 |
| 2 | 둥지 모습 | 위에서 본 모습, 옆에서 본 모습 |
| 3 | 둥지 위치 | 중심, 가장자리 |
| 4 | 둥지 기울기 | 예, 아니오 |
| 5 | 둥지 바닥 유무 | 있다, 없다 |
| 6 | 둥지 지지 유무 | 지지대 있음, 지지대 없음 |
| 7 | 둥지 크기 | 용지의 2/3 이상, 용지의 2/3~1/3, 용지의 1/3 미만 |
| 8 | 공간 사용 | 용지의 2/3 이상, 용지의 1/2~2/3, 용지의 1/2 미만 |

| 9 | 나는 새 | 예, 아니오 |
|---|---|---|
| 10 | 양육 활동 | 있다, 없다 |
| 11 | 부모 새와의 거리 | 한 둥지, 떨어져 있음, 부모 새 없음 |
| 12 | 선의 질 | 약하다, 보통, 강하다 |
| 13 | 나무 유무 | 있다, 없다 |
| 14 | 색의 수 | 사용한 색의 수를 세어 조정(1~3 색, 4~6 색, 7색 이상) |

출처: 김갑숙, 김순환 (2008). 초등학생의 모애착과 새둥지화 반응특성에 관한 연구.

**그림 5-2 경계선 지능 초등학교 5학년 여아의 새둥지화**

그림 5-3 불안정애착 발달지연 초등학교 4학년 남아의 새둥지화

## 5) 동물가족화(AFD: Animal Family Drawing) 그림심리진단평가

AFD는 1967년 Brem-Graser(1957)가 개발한 검사로 동물그림을 활용해 피검자가 가족관계에서 느끼는 정서 상태를 평가하는 방법이다. 이 검사는 피검자의 가족 간 관계경험, 가족 내 역동성, 기능 수준 및 어려움 등을 파악하여 가족 갈등을 이해하고 해소하는 유용한 평가도구로 활용되고 있다.

AFD는 가족 구성원을 그리는 데 인물을 직접 그리지 않고 동물을 표현함으로써 간접적으로 가족을 그리도록 하여 검사에 대한 저항이나 부담을 최소화할 수 있고 각 동물이 상징하는 의미를 해석함으로써 가족관계에 대한 정보를 더 많이 얻을 수 있다는 장점이 있다.

만약 피검자가 동물을 그리기 어려워한다면 여러 동물 사진이나 동물 그림을 대신해 활용할 수 있는데, 이미 잘린 동물 그림이나 사진을 잘라서 붙이게 할 수 있고, 피검자가 동물 그림을 그린 후에는 동물에게 적합한 배경

을 그리게 하여 더 많은 세부 정보를 얻을 수 있다.

### (1) 준비물

8절 도화지, 크레파스, 마커, 색연필 등의 채색재료

또는 8절 도화지, 동물 그림이나 사진, 가위, 풀, 기타 채색재료

### (2) 시행절차

피검자에게 자신을 포함한 가족을 동물로 표현하여 그리도록 안내한다. 그림을 다 그린 후에는 그린 순서를 적고 누구를 그렸는지 적어두도록 한다.

### (3) 질문단계

- 이 동물은 어떤 동물인가요?
- 이 동물은 무엇을 하고 있나요?
- 이 동물이 있는 곳의 날씨는 어떠한가요?
- 앞으로 이 동물이 어떻게 될 것 같은가요?
- 이 동물에게 필요한 것은 무엇인가요?
- 이 동물의 장점(좋은점)은 무엇인가요?
- 이 동물의 단점(나쁜점)은 무엇인가요?
- 이 동물 그림에서 마음에 들지 않는 부분이 있다면 어느 부분인가요?
- 그림에서 추가하고 싶은 부분이 있나요?

### (4) 해석기준 및 해석

피검자가 그림을 완성하고 난 후 그림에 대한 탐색 활동을 하는데, 이를 통해 피검자의 비유적 표현을 좀 더 쉽게 이해할 수 있고, 각 동물이 상징하는 의미에 대해 알 볼 수 있다. 해석 시 유의할 점은 동물의 심상이 일반적인 해석처럼 정형화되어 있는 내용과 다를 수 있다는 것을 기억해야 한다.

특히 아동을 대상으로 그림검사를 진행할 경우 아이가 느끼는 동물의 성향은 아동이 그 동물에게 직관적으로 느낄 수 있는 감정일 수 있다는 것을 유의하여 해석해야 한다.

그림의 해석에 있어서 피검자가 누구를 가장 먼저 선택하고 어떤 순서로 표현하였는지, 누구를 가장 먼저 표현하였는지를 확인한다. 자신과 가장 가까운 거리에 있는 대상은 누구인지, 동물들의 관계가 어떻게 표현되었는지, 각각의 거리와 위치는 어떠한지를 유의하고 전체적인 분위기가 어떤지, 동물 가족이 무엇을 하는 중인지 등을 파악하도록 한다.

(1) 일반적인 해석

- 배경으로 물과 관련된 것이 그려진 경우, 피검자의 우울감, 미해결된 욕구, 침체된 마음일 수 있다.
- 그려진 동물들이 바라보는 방향과 간격으로 심리적인 거리와 같이 가족 간의 현재 관계를 파악할 수 있다.
- 가정 내에서 강력한 권위가 있거나 통제적인 동물로는 호랑이나 사자, 공룡 등과 같이 공격성 높은 동물이 그려진다. 반면 따뜻하고 온정적인 대상은 양이나 사슴, 곰 등으로 나타난다.
- 가정 내에서 중심적인 역할을 하거나 중요한 대상은 대개 가장 큰 동물로 묘사된다.
- 다른 가족 동물에 비해 자신을 작게 마지막에 그리거나 그려진 동물의 종류가 혼자만 다를 경우에는 피검자가 가정 내에서 경험하는 소외감과 위축감을 반영할 수 있다.
- 본인을 지면 위쪽에 그리고 강한 동물을 그리거나 손/발톱, 부리, 이빨 등을 강조해서 묘사하면 그려진 대상의 공격적인 성향이나 높은 수

준의 통제 욕구를 반영한다.

- 부모를 상징하는 동물이 포악하고 큰 동물이나 손/발톱, 부리, 이빨 등이 강조된 것은 가정 내에서 느끼는 정서가 위압적이어서 피검자가 위축되어 있을 수 있다.
- 부모 사이에 자신을 그리는 것은 보호받고 싶은 욕구나 애정에 대한 욕구 또는 부모 간의 중재자라는 것을 반영할 수 있다.

(2) 동물의 상징

| | 동물 | 상징 |
|---|---|---|
| 1 | 새, 닭 | 현실적 도피, 안주 |
| 2 | 거북, 개구리, 물고기 | 우울증적 |
| 3 | 망아지 | 미숙, 게으름 |
| 4 | 비둘기 | 안정, 평화 |
| 5 | 오리 | 근원적 |
| 6 | 독수리 | 용맹, 관조할 줄 아는 |
| 7 | 부엉이 | 지혜 |
| 8 | 돼지, 나무늘보 | 게으름, 느림 |
| 9 | 다람쥐 | 약함 |
| 10 | 생쥐 | 지혜로움, 약함 |
| 11 | 악어, 박쥐 | 양면성 |
| 12 | 강아지 | 애교스러움 |
| 13 | 곰 | 양육적, 게으름 |
| 14 | 뱀 | 지혜, 탄생, 새로운, 시작과 마감 |

| 15 | 양 | 희생, 순함 |
|----|-----|-----------|
| 16 | 캥거루 | 양육적 |
| 17 | 기린 | 섬세함, 멀리 봄 |
| 18 | 원숭이 | 잔머리, 지혜 |
| 19 | 코끼리 | 이지적, 장수 |
| 20 | 사자 | 용맹, 공격적, 양육적 |
| 21 | 말 | 역동적 |
| 22 | 고양이 | 양가감정, 애교스러움 |
| 23 | 용, 봉황 | 신비로움 |
| 24 | 하마 | 공격성, 말로 상처를 줌 |
| 25 | 늑대 | 의리, 동료 독려, 집단적 |
| 26 | 소 | 부지런함, 근면 성실, 학생일 경우 등교거부 및 공부하기 싫을 때 |
| 27 | 여우 | 귀여움, 애교, 지혜 |
| 28 | 사슴 | 지혜, 안정, 멀리 내다 봄 |
| 29 | 토끼 | 순함, 보호적 |
| 30 | 호랑이, 공룡 | 위압적, 공격적 |

## (3) 동물의 구도

| | 동물 | 구도 |
|---|---|---|
| 1 | 고립형 | • 본인이 작게 그려지고 마지막으로 자기를 그리며 다른 가족과 거리가 있으며, 동물의 종류가 다름. 가족 구성원들로부터 다른 방향을 향하고 있고 표정이 다름<br>• 고립, 위축, 약자, 이질감 |
| 2 | 병렬형 | • 가족 전체를 쭉 나열하여 그리고 비슷한 크기, 모습, 형태로 그림<br>• 개개인의 특성이 불명확하고 감정억압과 미분화(자신의 감정 표현을 억제당함)됨 |
| 3 | 지배적 | • 본인을 상부에 그리고 위에서 내려다보거나 날아다니고 있음(새 등)<br>• 강한 동물, 손/발톱, 부리, 이빨 등의 공격성이 표현됨<br>• 지배(내가 지배하고자 함), 고립형, 공격성 |
| 4 | 자기중심형 | • 본인을 크게 그리고 제일 먼저 그리고 정중앙에 그리며 부모 사이에 자식이 가로막고 있음<br>• 자기중심, 보호, 주목, 일체감 |
| 5 | 부모지배형 | • 부모가 크고, 지면의 위에 위치하고 누르고 있으며, 포악하고 강한 동물로 표현됨<br>• 손/발톱, 부리, 이빨 등의 공격성의 표현(단 부모가 약한 동물로 위에 있을 땐 해당하지 않음) |
| 6 | 기타 | • 어느 정도의 표현은 되어 있지만, 위의 분류에 해당하지 않은 경우 |

그림 5-4 경계선 지능 초등학교 5학년 여아의 동물가족화

### 6) Levick의 정서 및 인지 미술심리진단평가

(1) Levick의 정서 및 인지 미술치료 평가(LEVICK: Levick Emotional and Cognitive Art Therapy Assessment)

Levick(2001)의 정서 및 인지 미술치료 평가(LEVICK: Levick Emotional and Cognitive Art Therapy Assessment)는 정서 및 인지적 발달단계를 평가할 수 있는 검사로 만 3세~11세 연령을 대상으로 실시할 수 있다. 피아제(Piajet)의 인지발달 이론과 미술발달에 근거하여 인지적 발달 수준을 평가하고 그림에 드러난 자아의 방어기제를 토대로 정서적 발달 수준을 평가하는데 퇴행이나 회피, 부인, 동일시, 반동형성, 합리화 등의 방어기제가 나타났는지를 평가한다.

(2) Levick의 정서 및 인지 미술치료 평가의 실시방법

① 준비물

A4용지, 16색 크레파스

* 연필과 지우개는 아동이 원하면 제공하지만 처음부터 제시하지 않음.

② **시행절차**

검사 실시 시 총 다섯 장의 그림을 그릴 것이라고 안내하며 용지와 크레파스를 제공한다. 검사는 총 다섯 개의 과제로 구성되었는데 되도록 첫 회기에서 다섯 장을 모두 그리게 하면 좋지만, 만약 아동이 힘들어하면 다음 번에 연속해서 그리도록 할 수 있으며, 제한시간은 한 시간이다.

- 첫 번째 과제: 자유화

첫 번째 과제는 자유화이다. 자유화를 제공함으로써 아동이 과제에 대해 어떻게 반응하고 어떤 것을 표현해내는지 알 수 있다. 그림이 완성되면 아동에게 그림에 대해서 설명해달라고 요청한다. 아동이 첫 그림에서 시간을 너무 많이 소요하면, 더 그려야 할 그림이 있다고 다시 알려준다. 자유화에 대한 아동의 반응은 각기 다르지만 어떤 아동은 긴장하거나 불안해하고, 다른 아동은 자유화를 즐기며 작업하기도 한다. 자유화를 통해 아동의 기본적인 문제해결능력과 방어기제를 추론해볼 수 있고, 이후 그리게 될 4개의 과제를 평가할 때 기준선을 마련할 수 있다.

- 두 번째 과제: 전신 자화상

두 번째 과제는 자신의 전신상을 그리는 것이다. 인물화 검사와 마찬가지로 막대기모양 사람을 그리지 않도록 하며 그림의 해석은 인물화 검사 해석을 토대로 한다. 전신상 과제에서는 크레파스로 작업하며 색채를 사용하기 때문에 아동의 정서적인 부분에 대해 풍부하게 이해할 수 있다.

- 세 번째 과제: 한 가지 색으로 난화선을 그린뒤 그 난화선을 바탕으로 난화를 완성하기

난화를 시작하기 전에 아동이 난화가 무엇인지 잘 이해할 수 있도록 손

을 이리저리 움직이는 모습을 보여주며 아동에게도 자유롭게 선을 긋는 것처럼 움직여보도록 한다. 아동이 자유롭고 편안하게 움직일 수 있도록 지지해준다. 이후 과제를 시작할 때 앞서 손을 움직인 것처럼 종이 위에서 길게 연속된 선을 긋도록 하여 난화의 밑바탕 선을 완성하게 한다. 이 밑바탕 선은 손을 떼지 않고 긋는 선이기 때문에 한 가지 색의 크레파스로 작업하게 된다. 선 긋기가 충분히 이루어지면 이후 선에서 마치 숨은 그림을 찾는 것처럼 이미지를 찾아내거나 상상해보도록 한다. 아동이 어려워하면 검사자가 자신이 선에서 발견한 이미지에 대해 설명해주며 아동이 자유롭게 표현하도록 격려한다. 아동이 발견한 이미지가 더 분명하게 보이도록 다른 색의 크레파스로 선을 긋거나 채색할 수 있고, 그 과정에서 새롭게 선이 더 그어지거나 기존의 이미지에서 변형되기도 한다. 이 작업을 통해 아동의 지각 능력과 상상력 등을 살펴볼 수 있다.

- 네 번째 과제: 네가 있고 싶은 장소(3~5), 너에게 중요한 장소(6~11세 이상)

아동의 연령이 어리면 '자신이 있고 싶은 장소'를 그리게 하고, 6세 이상의 아동으로 '자신에게 중요한 장소'라는 말을 이해할 수 있다면 '너에게 중요한 장소'를 그리도록 안내한다. 아동은 자신에게 중요한 의미가 있는 장소를 그리게 되고 이를 통해 아동이 자신을 둘러싼 환경에 대해 어떻게 지각하고 느끼는지 살펴볼 수 있으며, 아동에게 중요한 것이 무엇인지에 대해 이해할 수 있다.

- 다섯 번째 과제: 자신을 포함해서 가족 모두를 그리기

마지막 과제로 가족화를 그리게 하는데, 자신을 포함한 가족구성원을 전체 인물상으로 그리도록 한다. 가족그림의 해석은 KFD의 해석기준을 따르며, 가족이 묘사된 다양한 요소들을 통해 아동이 지각하고 느끼는 가족에

대한 전체적인 정보를 얻을 수 있다.

다섯 가지의 과제를 통해 각각의 과제에 대한 아동의 반응 및 과제에 임하는 아동의 태도에 대해 관찰하고 이를 통해 아동에 대해 더 깊이 이해할 수 있게 된다.

### 7) Kramer의 미술심리진단평가

Kramer(1983)의 미술치료평가법으로 내담아동의 심리 내적인 상태를 이해하고 평가할 수 있다. Kramer는 평가 시 치료사의 지지적인 태도를 매우 중요시 여기는데, 심리검사에서처럼 최소한의 도움만 주거나 어떠한 단서도 주지 않는 것보다 아동을 이해하는 데 있어서 치료사의 지속적인 지지와 도움은 반드시 필요하다고 보았다. 또한 이러한 과정이 검사에 대한 객관성을 잃거나 작품을 왜곡하는 게 아니라 작품이 더 솔직하고 깊이 표현될 수 있다고 하였다. 이러한 Kramer의 견해와 같이 Kramer의 미술치료평가법은 검사의 절차가 있다기보다는 아동에게 선택권을 주거나 아동이 표현하고 싶지 않을 시 굳이 권하지 않는 등과 같이 융통성 있고 유연한 검사이다.

Kramer의 미술치료평가법은 다음과 같이 세 개의 과제로 이루어져 있다.

### (1) 연필화

A4용지와 다양한 종류의 연필(긴 것, 짧은 것, 지우개 붙은 것, 심이 뾰족한 것, 뭉툭한 것 등)을 제공한다. 다양한 종류의 연필을 제공하는 것은 연필을 고르고 선택하는 것에 있어서 아동의 반응을 관찰하고 아동을 이해하기 위함이다. 짧은 연필이나 연필심이 뭉툭한 것은 누군가 쓴 흔적을 말해주고 연필이 길거나 심이 뾰족하다면 새것이라는 느낌을 준다. 다양한 연필 중 뭉툭하거나 짧은 것을 선택하는 아동은 새것을 쓰는 것에 대한 불편감이나 낮은 자존감

을 가졌을 수 있다.

이 과제를 통해 아동의 운동기술 발달 수준을 평가할 수 있고 만약 아동이 어떠한 사물을 관찰해서 그렸다면 지각능력과 관찰력 등을 살펴볼 수 있다. 그림에서 아동의 발달단계보다 낮은 수준의 그림이 표현되었다면 발달에서의 지연 가능성을 고려하도록 한다.

### (2) 물감 그림 혹은 찰흙 작업(둘 중 선택 가능)

두 번째 과제는 물감으로 그림을 그리거나 찰흙 작업 중에서 아동에게 선택하게 한다. 흰색 도화지에는 흰색이 눈에 띄지 않기 때문에 검사 시 회색 도화지를 사용한다. 다양한 사이즈의 붓과 물통, 앞치마를 제공하고 물감을 제공할 시 속이 깊은 팔레트를 준비한다. 빨강, 주황, 밝은 파랑, 어두운 파랑, 보라, 검정색은 한 칸씩 제공하고, 노랑과 흰색은 두 칸씩 제공하는데, 노랑과 흰색은 아동이 많이 사용하는 색이자 다른 색과 섞을 시 더 진한 색이 묻기 때문에 두 개씩 제공한다. 초록색은 제공되지 않는데, 이는 초록색이 없을 시 아동의 반응을 관찰하기 위한 것이다. 아동이 직접 초록색을 만들 수 있는지, 검사자에게 요청하는지, 문제해결능력은 어떻게 되는지 등을 알 수 있다.

물감에서 다양한 색채를 사용하기 때문에 색채에 대한 아동의 반응을 살펴보며 정서적인 측면에 대해 이해할 수 있다. 아동이 선호하는 색채와 싫어하는 색채를 알 수 있고 몇 가지 색채를 사용하는지, 물감을 섞는지, 아무렇게나 색칠하는지, 초록색이 없을 때 어떻게 반응하는지(직접 만드는지, 요청하는지), 색이 혼탁해질 때 어떻게 행동하는지 등을 통해 아동에 대한 이해를 높일 수 있다.

아동이 먼저 찰흙을 선택하는 경우에는 찰흙과 찰흙 도구, 스펀지, 신문지, 앞치마 등을 준비한다. 스펀지에 물을 묻히고 찰흙을 닦으면, 표면이 매끈해지는 효과가 있다, 찰흙 작업 시 신문지를 밑에 깔고 작업하도록 한다. 찰흙은 대표적인 감각을 자극하는 매체로 아동의 퇴행을 촉진한다. 찰흙을 만지고 두드리고 주무르고 던지면서 아동의 감각경험이 활성화되는데, 이 과정에서 아동의 행동을 관찰하여 퇴행경향성을 살펴본다. 아동이 찰흙으로 완성된 작품을 만드는지, 작품이 얼마나 완성되었는지, 퇴행 후 재조직화하는 모습을 보이는지, 손에 묻은 찰흙을 어떻게 처리하는지, 손에 묻거나 질척거리는 찰흙에 대해 짜증을 내는지 즐거워하는지 등을 관찰한다.

### (3) 두 번째 과제에서 선택하지 않았던 것(반드시 하지 않아도 됨)

세 번째 과제는 두 번째 과제에서 하지 않았던 작업을 하게 한다. 그림을 선택했다면 찰흙작업을 해볼 수 있는 기회를 주는 것이다. 대개 두 번째 과제에서 많은 에너지를 쓰기 때문에, 아동이 힘들어하거나 거부하면 굳이 하지 않아도 된다.

Kramer의 미술치료평가법은 세 종류의 재료를 연속적으로 제공하는 과제를 통해 매체를 다루는 아동의 반응 특성을 관찰할 수 있다. 어떤 아동은 연필 그림에서는 완성도 있는 작업을 하다가 물감 작업을 할 때 경직된다든지 찰흙 매체가 손에 묻는 것에 대한 감각적인 예민함을 보일 수 있다. 이처럼 매체의 종류에 따라 아동이 어떤 반응을 보이는지 살펴본다.

또한 작품에 대한 아동의 태도, 검사자에 대한 태도, 매체에 대한 태도를 고려하여 아동을 이해할 수 있다. 자신의 작품을 자랑스러워하는지,검사자가 도와줄 때 어떻게 반응하는지, 매체를 함부로 다루는지 등을 통해 환경에 대한 아동의 상호작용 방식을 이해할 수 있게 된다.

# 참고문헌

김갑숙, 김순환 (2008). 초등학생의 모애착과 새둥지화 반응특성에 관한 연구. 미술치료연구, 15(3), 431-444.

김갑숙, 이미옥, 전영숙, 기정희 (2019). 그림을 통한 심리진단 및 평가Ⅰ. 서울: 학지사.

김광웅, 유미숙, 유재령 (2004). 놀이치료학. 서울: 학지사.

김수경, 김은화, 박경화, 신재균, 이미나, 정선희 (2019). 임상미술치료 이론과 실제. 경기: 공동체.

노선옥, 김수연, 김애화, 김형일, 남상석, 박순희, 유장순, 이성봉, 이효자, 정영옥, 정은희, 최성규, 한경은 (2009). 특수교육대상아동 선별검사. 경기 안산: 국립특수교육원.

박경화 (2021). 우리가족 닮은 동물 찾기. 서울: 비채.

박성혜, 길은영, 곽진영 (2021). 미술심리치료의 이론과 실제. 서울: 박영스토리.

석경아, 변미선, 강은선 (2021). 3~7세 우리 아이 발달을 자극하는 감각놀이 172 감각통합놀이. 서울: 소울하우스.

신동열, 한상희 (2016). 상담·심리치료장면에서 쓴 미술심리치료 이론과 실제. 서울: 양서원.

오승진 (2020). 미술심리 진단평가. 서울: 어우리.

유미란, 한영희 (2018). 애착에 관한 미술치료 국내 연구동향 분석. 예술치료연구, 18(2), 47-72.

유미숙, 이영애, 박현아 (2021). 놀이치료 관찰 및 실습. 서울: 학지사.

이근매 (2019). 심리치료사, 사회복지사, 특수교사를 위한 아동 미술치료기법. 서울: 학지사.

정인숙, 조광순, 조윤정, 홍성두 (2008). 장애 영유아 선별 및 진단·평가 지침서Ⅱ. 국립특수교육원.

주리애 (2015). 미술심리진단 및 평가=Art diagonosis and assessment. 서울: 학지사.

진미영, 강정배 (2015). 발달재활서비스 대상자 선정 진단. 평가 검사도구 활용방안. 특수교육재활과학연구, 54(1), 249~295.

한영희, 김지영 (2019). 임상 현장을 위한 아동 미술치료 프로그램. 경기: 어가.

Bluma.S., Shearer, M., Fohman, A., &. Hiliard, J. (2008). 포테이지 아동발달 지침서 (강순구, 조윤경 역). 서울: 굿에듀북.

Brem-Graser, L. (1967). *Family in Tieren.* Munchen/Basel: Ernst Reinbardt. Francis, D. M., Kaiser, D., & Deaver, S. P. (2003). Representations of attachment security in Bird's Nest Drawing of clients with substance abuse disorder. *Art therapy Journal of American Art Therapy Association, 20*(3), 125-137.

Buck, J. N. (1948). The H-T-P test. *Journal of Clinical Psychology, 4,* 151-159.

Burns, R. C., & Kaufman, S. H. (1970). *Kinetic family drawings (K-F-D): An introduction to understanding children through kinetic drawings.* PA: Brunner/Mazel.

Edinger, E. F. (1972). *Ego and archetype: Individuation and the religious function of the psyche.* CO: Shambhala Publications.

Francis, D., Kaiser, D., & Deaver, S. (2003). Representations of attachment security in the Bird's Next Drawings of clients with substance abuse disorders. *Art Therapy: Journal of the American Art Therapy Association, 20*(3), 124-137.

Goodenough, F. L. (1926). *Measurement of intelligence by drawings.* IL: World Book Co.

Hammer, E. F. (1958). *The clinical application of projective drawings.* IL: Charles C Thomas.

Harris, D. B. (1963). *Children's drawings as measures of intellectual ma-*

turity. *A revision and extension of the Goodenough Draw-A-Man Test.* New York: Harcourt, Brace, and World.

Kaiser, D. H. (1996). Indications of attachment security in a drawing task. *The arts in psychotherapy, 23*(4), 333-340.

Koppitz, E. M. (1968). *Psychological evaluation of children's human figure drawings.* New York: Grune & Stratton.

Kramer, E., & Schehr, J. (1983). An Art Therapy Evaluation Session for Children, *The American Journal of Art Therapy, 23,* 3-10.

Levick, M. (2001). *The Levick Emotional and Cognitive Art Therapy Assessment (LECATA): Procedure.* Florida: Myra F. Levick.

Lowenfeld, V. (1947). *Creative and mental growth: A textbook on art education.* New York: Macmillan Co.

Machover, K. (1949). *Personality Projection in the Drawing of the Human Figure: A Method of Personality Investigation.* IL: Charles C Thomas Press.

Sheller, S. (2007). Understanding insecure attachment: A study using children's bird nest imagery, *Art therapy: Journal of the American Art Therapy Association, 24*(3), 119-127.

# 6장

# 장애아동 부모상담

가정에서 발생하는 장애는 그 가정의 역동에 큰 변화를 일으킨다. 만약 자녀에게 장애가 발생한다면 부모는 장애라는 사실을 수용하는데 큰 혼란을 경험하고, 그 이후 수반되는 일들로 스트레스를 경험한다.

우리가 잘 알고 있듯이 아동에게 가장 중요한 환경은 바로 부모이다. 이러한 이유로 아동심리치료 장면에서 치료사는 아동의 개별 심리치료 뿐 아니라 부모 상담을 함께 진행함으로써 부모가 아동의 좋은 환경이 될 수 있도록 교육하고 상담할 필요가 있다. 특별히 장애아동의 경우 아동이 지닌 어려움은 단기간에 해결할 수 없는 영구적인 성격이 있기 때문에 일주일에 제한된 시간에 진행하는 치료 및 교육적 개입만으로는 부족할 수밖에 없다.

따라서 발달재활 서비스에서의 부모 상담은 부모가 자녀의 장애 특성을 잘 이해하는 것부터 심리치료 및 교육적 기술들을 일상 생활에 적용하고 확장시키는 역할을 할 수 있도록 부모에게 필요한 정보를 제공하고 부모가 이를 잘 이행할 수 있도록 돕는 제반 사항을 모두 포함한다. 이러한 목적으로 진행하는 부모 상담은 무엇보다 치료사와 부모간의 신뢰로운 관계 형성이 바탕이 될 때 그 효과성을 높일 수 있다.

6장에서는 장애아동 부모의 특성 및 각 장애별로 부모상담 시 유념해야 할 사항과 치료사의 역할 및 부모상담에서 다루는 주요 내용에 대해 다루고자 한다.

# 장애아동 부모상담

## ◉ 01. 장애아동 부모상담

### 1. 장애 수용과정에 따른 부모상담

Hardman, Drew와 Egan(2002)은 부모가 자녀의 장애를 수용하는 과정으로, 처음에는 충격과 부인의 단계를 보인다고 하였다. 이 단계의 부모는 충격과 함께 불안, 죄의식, 무감각, 무기력, 혼란, 분노, 불신, 거부 등의 감정을 경험하게 된다. 그 다음은 인식단계로 자기 연민, 자기 증오, 위축 혹은 현실에 직면하지 않으려는 방어적 후퇴 단계에 들어간다. 마지막으로 인정 및 수용단계가 되면서 부모는 자녀의 장애를 수용하고 자녀의 강점을 발견하게 된다고 보았다.

따라서 치료사는 부모가 자녀의 장애를 수용하는 과정에서 나타나는 심리적 특성을 이해하고 그에 맞는 치료적 개입을 모색해야 하는데, 이는 장애아동의 부모 상담에서 꼭 필요한 부분이라고 볼 수 있다.

표 6-1 장애 아동 부모의 수용과정 특성 및 전문적 지원

| 단계 | 특성 | 전문가 지원 |
|---|---|---|
| 충격·<br>불신·<br>부인 | – 죄책감 혹은 수치심을 경험할 수 있다.<br>– 장애가 있음을 부인하려고 할 수 있다.<br>– 더 많은 의료진단을 받으러 병원을 전전할 수 있다.<br>– 진단을 수용하거나 필요한 지원의 제공을 완전히 거부할 수 있다. | – 수용하는 태도로 경청한다.<br>– 가족들이 감정을 표현하도록 격려한다.<br>– 가족들에게 이러한 감정이 자연스러운 것임을 확신시킨다.<br>– 아이와 관련하여 가족들이 공유할 수 있는 강점을 찾는다.<br>– 가족들이 준비가 되었을 때 필요한 자원과 서비스를 제공한다. |
| 분노 | – 도움을 주려는 이들(배우자, 전문가, 가족)에게 화를 낼 수 있다.<br>– 비장애아를 키우는 친구들에게 분노의 감정을 경험할 수 있다.<br>– 전문가 진단의 정확성에 대해 논쟁을 벌이려 할 수 있다. | – 사려 깊은 경청의 태도를 취한다.<br>– 가족들의 분노를 표현할 수 있도록 격려한다.<br>– 가족들이 느끼는 '느낌'에 대해 논쟁하지 않는다.<br>– 공격적인 말에 방어하지 않는다. |
| 타협 | – 자녀의 장애가 없어진다고 들은 것은 무엇이든 하려는 믿음을 가질 수 있다.<br>– 신과 협상하려고 한다('장애를 사라지게 해준다면 모든 것을 하겠다') | – 적극적으로 경청한다.<br>– 지지적인 태도를 보인다.<br>– 부모에게 전문적인 견해를 강요하지 않는다.<br>– 비평을 삼가한다. |
| 낙담과<br>좌절 | – 현실을 수용하기 시작하고, 기대했던 아이가 아니라는 사실에 슬퍼하게 된다.<br>– 아이의 잠재력을 볼 수 없고 단지 아이의 결함만을 보려 할 수 있다. | – 적극적이고 반영적인 경청을 한다.<br>– 부모 지지그룹과 자원을 제안한다.<br>– 우울증이 만성적으로 나타난다면 상담을 받을 수 있도록 의논한다.<br>– 아이의 강점에 대해 지속적으로 의논한다. |

| 수용 | – 아이의 요구에 초점을 맞추는 대신 아이의 강점을 보기 시작한다.<br>– 아이의 삶을 향상시키기 위해 긍정적이고 주도적인 입장을 견지한다. | – 지속적인 경청을 한다.<br>– 진보에 대해 격려한다.<br>– 아동의 강점에 대해 지속적으로 강조한다.<br>– 가족들에게 사례관리역할을 양도하기 시작한다.<br>– 가족들의 역량강화를 위해 지원한다. |

출처: O'Shea (2006). 장애인 가족지원.

## 2. 장애별 부모상담

장애아동의 경우, 장애에 따른 증상 및 특성이 다르기 때문에 각 장애 유형별 부모상담에 대한 이해가 필요하다. 다음은 김미경(2017)이 밝힌 각 장애별 부모상담의 내용을 정리한 것으로, 장애에 따라 부모가 가정에서 어떻게 양육적 도움을 주어야 하는가를 설명하고 있다.

### 1) 자폐스페트럼장애 아동의 부모상담

자폐스펙트럼장애 자녀를 양육하는 부모와 상담을 진행할 때 치료사는 다음과 같은 양육적 환경에 대해 논의함으로써 효과적인 부모상담을 진행할 수 있다.

① 부모는 아동이 예측하기 쉬운 환경을 조성해야 한다.

자폐스펙트럼장애 아동은 예측하기 어려운 일이나 변화에 쉽게 혼란을 경험하기 때문에, 부모는 자녀에게 어디서 무엇이 예정되어 있는지 미리 알려주고, 예정과 다른 변화도 가능하면 미리 알려주도록 해야 한다.

② 정보를 시각적으로 제시하는 것이 도움이 된다.

자폐스펙트럼장애의 경우 시각적 사고를 하는 특성이 있으므로, 정보를 제시할 때 시각적인 방법을 사용하는 것이 효과적일 수 있다.

③ 규칙이나 지시를 명확하게 해야 한다.

자폐스펙트럼장애 아동은 '추상적이거나 암묵적인 규칙'을 이해하기 어렵다. 부모가 규칙을 알려주거나 지시할 경우 명확하게 표현할 필요가 있다.

④ 가급적 칭찬을 많이 해주어야 한다.

자폐스펙트럼장애 아동은 타인의 부정적인 피드백에 민감하다. 특별히 장애의 행동적 특징으로 인해 비난을 경험하는 경우가 빈번하며, 이로 인해 쉽게 자신감을 잃고 우울이나 불안을 경험한다. 따라서 아동이 보이는 행동의 장점을 찾아주며 격려할 필요가 있다.

⑤ 아동이 할 수 없는 것보다 할 수 있는 것에 초점을 맞추어야 한다.

자폐스펙트럼장애 아동이 보이는 장점에 초점을 맞추어 반응하도록 해야 한다. 간혹 부모 중 아동의 부족한 사회적 기술이나 상호작용에만 몰입되어 자녀에게 부정적 피드백을 주는 경우가 있으므로, 치료사는 부모가 자녀의 긍정적인 부분을 발견하고 강화할 수 있도록 도와야 한다.

⑥ 부모는 아동의 제한된 관심 영역을 확장시키도록 해야 한다

자폐스펙트럼장애 아동은 제한된 관심 영역을 보이므로, 부모는 그 관심 영역이 다른 영역으로도 넓혀질 수 있도록 다양한 자극을 제공하여야 한다. 이때 효과적인 방법은 먼저 아동이 관심을 보이는 영역과 연관된 것부터 넓혀갈 때 아동이 쉽게 흥미를 느낄 수 있다.

⑦ 부모가 먼저 목소리와 표정을 풍부하게 해야 한다.

자폐스펙트럼장애 아동은 감정표현이 부족하고 단조로운 목소리 톤을 보이는 경우가 많으므로 부모가 다양한 목소리와 표정 등의 모델링을 해 줄 필요가 있다

⑧ 다양한 사회적 활동에 참여할 수 있게 해야 한다.

자폐스펙트럼장애 아동은 사회적 활동에 참여하려는 동기가 매우 낮다. 따라서 부모는 다양한 사회적 환경을 경험하며 참여할 수 있는 기회를 넓혀가야 한다.

## 2) 의사소통장애 아동의 부모상담

의사소통장애 아동은 조음이나 유창성, 언어의 수용 및 표현능력의 제한 등을 경험한다. 따라서 의사소통장애 아동의 부모와 상담을 진행하는 치료사는 의사소통장애 특성에 맞게 양육적으로 자녀에게 어떤 도움을 주어야 하는지 제시해 줄 필요가 있다. 여기에서는 의사소통장애에 속하는 대표적 장애로 조음장애와 언어장애에 따른 부모개입방안을 소개하고자 한다.

◆━━━━〈 조음장애 아동을 위한 효과적인 부모개입 〉━━━━◆

① 부모가 정확한 발음으로 이야기한다.

조음장애는 일차적으로 올바른 듣기가 바탕이 되어야 한다. 따라서 부모는 평소에 정확한 발음으로 자녀에게 이야기하는 것이 좋다.

② 아동의 말에 즉각적인 반응을 보여준다.

부모가 자녀의 말에 즉각적인 반응을 보여줌으로써 자녀는 자신의 표현에 대해 긍정적인 경험을 하게 된다.

③ 발음 교정은 제한적 시간에만 실시한다.

부모가 아동의 발음에 대해 반복적으로 지적을 하게 되면, 아동은 표현에 대해 스트레스를 받게 되고 결국에는 말하기를 거부할 수도 있다. 따라서 자녀와 일정한 시간을 약속하고, 그 시간에만 발음을 교정하도록 한다.

④ 부모가 모델링을 제시할 때 속도는 천천히, 입모양은 크게 한다.

부모가 모델링을 하는 경우라면 말의 속도를 천천히 하고 입모양을 크게 함으로써 효과적으로 자녀의 발음 개선에 도움을 줄 수 있다.

⑤ 가정에서 실시할 수 있는 간단한 구강운동법을 실시한다.

부모가 간단한 구강운동법을 지도해줄 수 있다.

예) 입술 양 끝에 요플레를 묻혀 혀로 핥아먹기, 윗니에 김조각 등을 붙여 혀로 떼먹기, 가글링 하기, 거울을 통해 부모의 구강 움직임과 아동의 움직임을 비교하기

⑥ 의성어 의태어 소리내기 놀이를 실시한다.

부모가 자녀와 함께 의성어, 의태어 소리 내기 놀이를 통해 자음소리를 꾸준히 연습할 기회를 제공한다.

예) 뽀뽀하는 소리는 음소 'ㅂ'과 파열음 뽀뽀뽀를 말할 수 있는 기회 제공

## ────〈 언어장애 아동을 위한 효과적인 부모개입 〉────

① 부모는 먼저 아동의 선호도를 이해해야 한다.

부모는 아동이 어디에 흥미를 느끼는지 알아야 한다. 아동의 흥미에 부모가 반응할 때 아동은 표현하고 싶은 동기를 가지게 된다.

② 부모가 먼저 비언어적인 표현을 극대화한다.

부모는 몸짓이나 표정을 최대한 사용할 필요가 있다. 이를 통해 아동은 부모와 충분히 소통되고 있다는 느낌을 가질 수 있다. 간혹 부모 중 이러한 비구어적 의사소통으로 구어발달을 저해하지 않을까 하는 걱정을 하지만 오히려 아동이 적극적으로 표현하려는 태도를 보이기 때문에 긍정적인 보조수단이 될 수 있다.

③ 새로운 낱말을 습득할 때 좀 다르게 표현한다.

아동이 새로운 낱말을 습득해야 할 경우라면, 부모는 조금 다른 표현 방법, 즉 목소리를 높이거나 악센트를 줄 수 있다. 또한 새로운 단어에 대해서는 여러번 반복해 주는 것도 좋다.

④ 끊임없는 질문을 피한다.

"이건 뭐지?" 등의 끊임없는 질문은 아동에게 압박감을 줄 수 있고, 질문이 반복되는 과정에서 아동은 표현에 대한 흥미를 잃어버릴 수 있기 때문에 조심해야 한다.

### 3) 지적장애 아동의 부모상담

지적장애 아동의 부모상담에서 다루어야 할 내용은 아동의 일상생활 적응 및 자조능력과 관련한 것이다. 즉 아동이 스스로 할 수 있는 기회를 제공함으로써 자조능력을 향상시키고 사회적 적응능력을 촉진시켜야 한다.

또한 지적장애의 경우 자해행동, 성행동 등의 문제행동을 보이는 경우가 많기 때문에 이 부분을 부모상담에서 논의해야 한다. 치료사는 부모가 자녀의 성행동 및 자해행동에 대처하기 위해 필요한 지식을 충분히 습득할 수 있도록 도와주어야 한다. 예를 들어, 자녀가 자위행동을 보일 경우 사적인 공간과 공적인 공간을 구분지어 설명해 주도록 안내해야 한다. 더 나아가 지적장애 아동의 성적인 관심을 운동, 여가, 취미활동 등의 다른 활동으로 돌리도록 해주는 것이 필요하다.

### 4) 시각장애 아동의 부모상담

시각장애 아동의 부모상담 시 먼저, 부모에게 시각장애 아동에게 필요한 보조공학기구의 사용을 적극적으로 권해야 한다. 보조도구 사용을 통해 아동은 더 많은 성취경험을 하며, 또래와의 참여 기회도 확대되기 때문에 보조도구 사용에 적극적일 필요가 있음을 안내해야 한다.

다음으로 자녀와 함께 운동을 하거나 야외활동의 기회를 늘려 아동이 일상생활에 적응하는데 자신감과 안정감을 심어주도록 해야 한다. 이와 더불어 자녀의 독립성을 격려해야 한다. 예를 들어, 식사 시 밥과 반찬의 위치를 알려주고, 손을 잡아 그릇의 위치를 알도록 해주어 독립적으로 식사할 수 있는 기회를 많이 만들어 주어야 한다. 또한 가급적 집안 물건의 위치를 바꾸지 않고, 위치가 바뀐 경우 아동에게 말해주는 것도 독립성을 격려하는 방법이 될 수 있다.

마지막으로 시각장애가 심하여 지팡이를 사용해야 한다면, 안내법보다 지팡이 사용을 권장하고, 집안과 밖에서 자주 사용하도록 격려하는 것이 좋다.

### 5) 청각장애 아동의 부모상담

청각장애 아동을 양육하는 부모는 먼저, 청각장애 아동을 원칙적으로 비장애아동과 똑같은 방식으로 양육해야 한다. 대체로 청각장애 아동은 일반인들의 문화 속에서 성장한다. 따라서 청각장애 아동이 비장애아동과 잘 어울린다면, 적극적으로 접촉시킬 필요가 있다.

다음으로 청각장애 아동의 잔존청력을 최대한 활용하도록 해야 하며, 아동의 경험을 넓히기 위해 모든 감각을 이용할 수 있는 기회를 많이 만들어 주어야 한다.

마지막으로 자녀가 인공와우를 이식하였다면 가능한 한 일찍 일반화와 우연학습의 기회를 제공하고, 시각적인 단서보다 청각적인 단서를 이용해

언어발달을 하도록 해야 한다.

## ◉ 02. 장애아동 부모상담에서 치료사의 역할

### 1. 장애아동 부모가 가지는 특성 이해

치료사는 장애아동 부모와의 상담에서 현재 장애아동이 가지는 장애 유형, 장애 정도, 현행 수준, 연령 등에 따른 특성과 부모가 가지고 있는 개인적 특성(양육태도, 성격, 심리 등)에 대한 많은 정보를 수집하고 이해해야 한다. 이를 통해 장애아동에 대한 부모의 이해 및 수용 정도, 부모-자녀 관계를 이해하게 되고, 앞으로의 부모상담의 방향을 결정할 수 있다.

### 2. 아동 치료목표 및 과정에 대한 부모 공유

치료사는 장애아동 부모와 함께 치료 목표를 명확하게 설정하고, 그 과정을 공유할 필요가 있다. 이러한 치료사와 부모의 상호 신뢰 및 동반자적인 관계는 장애아동의 치료 효과를 높이고, 치료과정에서 다루는 치료적 개입을 가정과 연계함으로 궁극적으로써 장애아동의 긍정적 변화의 일반화에도 기여할 수 있다.

### 3. 적절한 양육을 위한 부모교육 제공

치료사는 장애아동이 가지는 어려움이 영구적인 특성임을 이해하고, 부모교육을 통해 부모가 치료과정에서 배운 내용을 자녀의 양육에 적용할 수 있도록 해야 한다. 궁극적으로 장애아동과 가장 많은 시간을 보내는 것은 부모이며, 부모가 장애아동의 발달을 위한 적절한 개입을 할 때 치료의 효과는 더욱 극대화될 수 있다.

## 4. 부모와의 긍정적인 의사소통

치료사가 부모와 어떤 의사소통하는가는 부모와 치료사 간의 신뢰를 형성하게 하고, 치료과정에서 협의를 성공적으로 이끌어 낼 수 있기 때문에 중요하다. 이때 필요한 것이 바로 치료사의 적극적 경청이다. 치료사의 적극적 경청은 부모에 대한 올바른 이해를 가지게 하며, 그들이 주는 정보를 잘 이해하고 해석할 수 있게 한다. 또한 치료사의 이러한 태도를 통해 부모는 치료사에게 더 많은 정보를 제공하게 된다.

**표 6-2 부모와 효과적인 의사소통을 위한 체크리스트**

| 항목 | 확인 |
| --- | --- |
| 부모상담 시 장애아동을 양육하는 부모의 입장에서 생각하는가? | 예/ 아니오 |
| 부모가 아동을 지도할 때 전문성을 가지고 있다고 생각하는가? | 예/ 아니오 |
| 부모의 의견과 조언이 가치 있고 유용하다고 생각하고 경청하는가? | 예/ 아니오 |
| 부모상담 시 부모의 의견을 존중하는 마음으로 적절한 제스처, 눈맞춤, 단어를 사용하는가? | 예/ 아니오 |
| 부모가 편안하게 대화할 수 있는 환경을 준비하는가? | 예/ 아니오 |
| 부모와의 치료 일정을 결정할 때 치료사 자신뿐만 아니라 부모의 시간도 중요시 여기며 일정을 정하는가? | 예/ 아니오 |

출처: Shelton, Jeppson, & Johnson (1987). Family-centered Care for Children with Special Health Care Needs.

## ⊙ 03. 장애아동 부모상담에서 다루는 주요 내용

장애아동의 부모상담을 진행하다 보면 부모가 직면하는 여러 어려움에 대한 질문을 자주 접하게 된다. 부모의 이러한 질문은 실제 장애아동을 양육하는 과정에서 경험하는 어려움이기 때문에, 치료사는 부모의 마음을 공감하며 적절한 해결책을 제시하거나 부모와 함께 해결책을 모색하려는 노력이 필요하다. 다음은 장애아동 부모 상담에서 부모가 자주 하는 질문들이다.

### 1. 장애 아동 자녀와 관련한 질문들

#### 1) 아동의 행동(문제행동, 상동행동, 자기자극행동 등)에 대한 대처방법

대부분의 장애아동 부모는 아동이 보이는 행동에 대한 원인을 알고 싶어 하며, 가정에서 어떻게 지도해야 할지 궁금해한다. 실제로 비장애아동에 비해 장애아동의 문제행동의 빈도가 높은 것이 사실이기에, 치료사는 부모가 갖는 이러한 문제에 대해 함께 원인을 찾아보고 어떻게 개입할 수 있는지 논의하여 방법을 모색해야 한다. 일반적으로 장애아동 문제행동의 유형은 다음과 같다.

**표 6-3 문제행동의 유형**

| | 문제행동의 유형 |
|---|---|
| 위험한 행동 | 자신이나 주위 사람의 건강이나 생명을 해칠 수 있는 행동<br>예) 물기, 때리기, 눈 찌르기, 머리 흔들기, 아무거나 먹기 등 |
| 방해 행동 | 집, 기관, 지역사회에서의 일상생활 참여를 방해하거나 주의를 분산시키는 행동<br>예) 그룹 활동 시 소리 지르기, 주의산만 등 |

| | |
|---|---|
| 상동행동 | 같은 행동이나 말을 반복적으로 하는 행동<br>예) 손이나 몸을 계속 흔들기, 반향어하기 등 |

출처: 우리아이발달지원단 (2020). 보육현장 실무자의 문제행동 지도를 위한 간편 가이드북.

ABA(응용행동분석)는 장애아동의 문제행동을 개선하고 소거할 목적으로 진행하는 치료적 개입으로, 모든 문제행동에는 기능이 있다고 주장한다. 즉, 문제행동은 그 행동을 하는 원인이 있으므로, 그 원인을 이해하는 것이 중요하다는 것이다. 아동의 문제행동 원인이자 기능은 다음과 같다.

- 타인의 주의를 끌기 위한 기능
- 원하지 않는 자극이나 활동을 회피하기 위한 기능
- 구체적인 사물을 얻기 위한 기능
- 자기조절의 기능
- 놀이나 오락의 기능

따라서 문제행동을 감소시키기 위해서는 문제행동의 기능을 이해하고 이를 바탕으로 행동수정의 목표를 설정해야 한다. 문제행동의 중재절차로는 다음과 같다.

1단계: 문제행동을 정의하고 중재할 문제행동의 우선순위 정하기
2단계: 문제행동의 기능 파악하기
3단계: 행동지원 계획세우기
4단계: 행동지원 실행 및 평가하기

## 2) 가정에서의 지도방법(기본생활 습관 및 신변처리, 학습, 가정연계 활동 등)

장애아동을 양육하는 부모는 자녀의 발달 촉진을 위한 방법 및 실제 일상 생활에서 어떻게 지도해야 하는가에 대한 구체적인 방법에 대해 궁금해 한다. 따라서 치료사는 장애아동의 기본생활 습관 및 신변처리 등의 자조 능력 발달을 촉진할 수 있는 방법들을 부모에게 구체적으로 알려주어야 한다. 다음은 장애 영·유아의 신변처리와 관련한 지도방법을 소개한 것이다.

#### 표 6-4 장애 영 · 유아 신변처리 지도 방법

| 항목 | 지도 방법 |
| --- | --- |
| 용변처리 | – 자녀의 방광조절능력이나 괄약근조절능력 등 생리학적 기능의 상태를 먼저 고려해야 한다.<br>– 야간보다는 주간에 배변훈련을 시작해야 한다.<br>– 배변훈련은 변기에 앉는 훈련부터 시작하며, 처음에는 용변을 볼 때가 되었다고 부모가 판단하는 시간에 맞춰 화장실로 데려가는 것으로 출발한다.<br>– 가정뿐만 아니라 자녀가 다니는 어린이집, 유치원 등에서도 동일한 방식으로 일관성 있게 훈련하는 것이 바람직하다.<br>– 용변처리는 변기뚜껑을 열고, 옷을 내리고, 용변 후 물을 내리는 등 일련의 과정을 모두 포함하여 차례대로 가르친다.<br>– 용변처리 기술과 함께 배변욕구를 표현하도록 가르치는 것이 중요하다. |
| 옷입고 벗기 | – 자폐스펙트럼장애를 가진 영유아의 경우 거친 촉감의 옷이나 목에 달린 태그에 과민한 반응을 보일 수 있으므로 자녀의 촉각예민성을 고려해서 옷 입고 벗기에 적합한 옷을 선정한다.<br>– 옷을 입고 벗는 일이 자연스럽게 일어나는 상황에서 지도한다.<br>– 옷을 입기보다 벗는 것이 쉽기 때문에 옷을 벗겨줄 때 자녀가 돕는 행동을 가르치는 것으로부터 출발한다.<br>– 옷을 벗고 입을 때 자녀가 돕는 행동에서 차츰 스스로 할 수 있도록 격려한다. |

| | |
|---|---|
| 식사지도 | – 지적장애를 가진 영유아의 경우 구강근육의 발달지체로 씹는 힘이 부족한<br>지를 먼저 파악해야 한다.<br>– 자폐스펙트럼장애를 가진 영유아의 경우 딱딱한 음식이나 특정한 냄새에<br>대한 거부반응이 있는지를 먼저 파악해야 한다. |
| 식사지도 | – 뇌성마비장애를 가진 영유아의 경우 구강근육뿐만 아니라 목과 혀근육의<br>발달지체로 음식을 씹고 넘기는 것이 어려울 수 있으므로 이를 먼저 파악<br>해야 한다.<br>– 식사를 위해서는 앉아있는 자세를 적절하게 유지해야 하므로 자세유지를<br>확보해야 하며, 필요한 경우 자세유지보조기구를 사용해야 한다.<br>– 식사지도는 가정과 어린이집 또는 유치원에서 일관성 있게 지도해야 한다.<br>– 식사시간은 음식섭취뿐만 아니라 많은 상호작용이 일어나는 시간이므로 최<br>대한 즐거운 분위기를 유지할 필요가 있다.<br>– 식사지도는 음식 뿐 아니라 자녀가 좋아하는 식사도구를 적절하게 이용하<br>는 것도 도움이 된다.<br>– 가능한 자녀가 최대한 독립적으로 식사를 할 수 있도록 지도한다. |

출처: 보건복지부 (2018). 발달장애인 부모교육과정 매뉴얼.

### 3) 아동의 장애 심각도 및 예후

부모는 자녀의 장애가 정상 발달 측면에서 현재 어느 정도의 심각성을 가지는지 알고 싶어 한다. 또한 자녀의 장애가 성장함에 따라 어느 정도 변화가 가능한지 등에 대해서 궁금해한다. 치료사는 장애별 예후를 이해함으로써 장애 아동의 현행 수준을 부모에게 정확히 안내하고, 아동이 내포하고 있는 발달 가능성을 제시할 수 있어야 한다. 이를 위해서 각 장애별 진단기준, 특성 및 예후에 대한 이해를 충분히 할 필요가 있다.

### 4) 필요한 치료적 개입과 시기(작업, 언어, 운동, 음악, 미술치료 등)

부모는 장애아동에게 필요한 치료적 개입이 무엇이며, 그 시기는 언제가 적절한지 궁금해 한다. 실제로 다양한 치료적 개입이 존재하고, 정보도 많기 때문에 부모들 대부분은 혼란감을 경험하면서, 주변의 정보로 선택을 하는 경우가 많다. 이로 인해 필요 이상의 치료를 진행함에 따라 경제적 부담으로 힘들어 하는 부모들이 많은 것 또한 사실이다. 따라서 치료사는 장애아동에게 필요한 치료적 개입은 무엇이며, 그 치료적 개입의 목적과 방법에 대해서도 이해하려는 노력이 필요하다. 또한 지역 사회 안에 어떤 치료적 서비스가 있는지에 대해서도 숙지하고 있을 필요가 있다.

### 5) 아동과 상호작용 방법

부모는 장애자녀와 상호작용에 어려움을 경험한다. 실제로 부모상담에 참여하는 부모 중 상당수가 아동이 보이는 행동 메시지를 어떻게 하면 잘 읽어내고 반응해야 하는지 알고 싶어한다. 혹은 '내가 좀 더 잘한다면 자녀가 더 성장할 수 있는데 부모인 내가 잘하지 못하고 있는 것이 아닌가' 하는 자책감을 가지기도 한다. 특히, 자녀의 장애를 발견한 지 얼마 안 되었거나, 교육을 막 시작한 부모의 경우라면 더욱 그러하다. 따라서 치료사는 아동이 부모에게 보내는 서툰 상호작용 방식에 어떻게 반응할 것인지 구체적인 방법을 제시할 수 있어야 한다.

부모와 자녀의 상호작용을 촉진할 수 있는 방법으로 가정에서의 놀이 및 미술시간이 도움이 될 수 있다. 놀이 및 미술은 언어발달이 부족한 장애 아동에게 자신을 잘 표현하면서 부모와 상호작용을 경험할 수 있는 좋은 수단이 될 것이다. 다음은 가정에서 실시할 수 있는 장애 유형별 미술 및 놀이 지도방법에 대한 것이다.

## 표 6-5 장애유형에 따른 미술 · 놀이지도

| 장애유형 | 특성 | 지도방법 |
|---|---|---|
| 시각장애 | - 손상되거나 낮은 시력으로 인해 주변 환경과 사물 탐색 능력 지체<br>- 주로 단순한 물리적 조작과 청각의 자극적 특성<br>- 시력손상으로 인해 사회적 상호작용에 참여 기회 감소와 낮은 상상력 보임 | - 다른 감각을 사용할 수 있는 미술 및 놀이 활동 필요<br>- 복잡한 형태나 부드러운 것보다 명확한 모양과 쉽게 촉각으로 파악할 수 있는 매체 사용<br>- 균형을 잡을 수 있는 활동 필요<br>- 역할놀이 기회를 많이 가짐으로써 사회적 상황이해 |
| 청각장애 | - 손실되거나 낮은 청력은 언어적 기술과 대화능력 감소 및 활동 방해<br>- 표현언어에 문제가 있으므로 한 사물을 다른 사물로 대치하는 가작화 어려움<br>- 활동 시 또래와 언어적 상호작용 적고 대집단보다 두 명 정도의 소집단 선호<br>- 주로 혼자놀이이며 연령이 높아질수록 상징놀이 지체 | - 운동 기술은 지체되지 않으므로 다양한 운동 및 신체활동 지도<br>- 언어가 사용되지 않는 미술작품 활동 등을 통해 의사소통 기회 촉진<br>- 집단활동을 통해 친구와 많은 의사소통적 상호작용 경험 필요<br>- 변화나 새로운 게임을 원하지 않으므로 다양한 게임 격려 |
| 지체장애 | - 운동기술 부족으로 사물놀이나 활동 시 사물 조작 어려움<br>- 활동 시 여기저기 돌아다니거나 멍하니 무엇인가 바라보기<br>- 이동과 활동적 놀이 참여가 어려우므로 또래와 사회적 상호작용 할 기회 적음<br>- 일반 유아보다 더 수동적이고 인내심도 적고, 동기유발도 잘 안됨 | - 재료는 가벼워야 하며, 영역을 제한하는 것도 필요<br>- 활동적인 활동일 때 헬멧 사용<br>- 휠체어를 타고 자유선택활동 영역이나 시설물에 접근 가능하도록 배치<br>- 또래와 사물과의 상호작용을 촉진하기 위해 적응적 기구를 사용하거나 규칙이나 환경수정 |

| | | |
|---|---|---|
| 지적장애 | - 단순한 탐색활동에 더 많이 참여<br>- 외부적인 암시나 강화 없이 자발적으로 매체 사용 안함<br>- 인지능력의 부족으로 사물 지배적인 기능놀이를 많이 하고 구성놀이, 극적놀이, 규칙이 있는 게임놀이 같은 추상적인 진보된 놀이하지 않음<br>- 낮은 단계의 놀이 매번 반복 | - 모방능력이 제한되어 있으므로 미술활동 모방훈련 필요<br>- 흥미있는 사물배치와 이야기, 그림, 재미있는 소품으로 자극함으로써 좀 더 다양한 경험 촉진<br>- 특정 기술의 시도와 연습 기회가 더 많이 필요<br>- 활동을 작은 단계로 분리하는 과제분석 사용하여 지도<br>- 좀 더 능력을 가진 또래나 성인의 모델링을 통해 지도 |
| 학습장애 | - 언어, 인지, 주의 집중의 문제는 또래 상호작용에 대한 추론이나 단서를 발견하는 데 저해요인이 되어 또래에게 거부당함. | - 부모는 생애 초기 동안에 사회적 결손을 치료하는데 도움이 되는 활동과 상호작용에 민감하여 예방적 처치에 관심 필요<br>- 인지적 성취 목적분만 아니라 사회적 인지와 기술을 신장시킬 수 있는 프로그램 필요 |
| 정서행동장애 | - 활동 집중의 어려움과 새롭거나 특별한 자료 사용 거부<br>- 현실 표상이 왜곡된 상징놀이<br>- 타인에 대한 지속적 회피로 사회적 상호작용 부족 | - 특별히 고안된 공간이나 음식이나 사회적 강화를 통해 지도<br>- 게임은 어려우나 흥미를 가지고 있을 때 간단한 게임은 유용<br>- 신체적 접촉을 요구하는 경쟁 놀이 피함 |
| 자폐스펙트럼장애 | - 사회적 손상과 언어능력의 부족으로 상징놀이가 나타나지 않음<br>- 반복적이고 판에 박힌 수·조작놀이<br>- 부적절한 사물놀이/혼자놀이와 탐색놀이 | - 언어기술에 제한이 있는 경우 의사소통 카드를 제시할 때 미술재료를 제공하여 미술지도<br>- 시각판을 이용하여 순서가 있는 미술지도 |

출처: 유수옥 (2021). 유아특수교육.

## 6) 약물치료 여부

장애아동의 경우 약물치료가 필요한 경우가 있다. 하지만 부모는 약물에 대한 부작용이나 정신과적인 문제를 가졌다는 낙인 등으로 선뜻 결정하기 어려워 한다. 이때 치료사는 약물사용과 관련한 정보를 부모에게 제공함으로써 부모가 약물에 대한 객관적인 이해를 할 수 있도록 도와야 한다.

일반적으로 지적장애나 자폐스펙트럼 등의 장애 아동에게 자해, 상동증, 난폭행동, 과잉행동 등의 증상이 나타날 수 있는데 이를 완화시키기 위해 약물치료를 하기도 한다. 그간의 연구결과에 따르면 약물치료는 치료의 효과를 증진시키며 장애아동의 학습을 촉진시킨다고 보고 있다(박랑규 외, 2019).

## 7) 초등학교 진학

장애아동이 초등학교 입학을 준비할 시점이 되면, 부모는 초등학교 진학에 대해 많은 염려를 한다. 초등학교 진학과 관련하여 궁금해 하는 질문들로는 '일반학교에 갈 것인가? 특수학교에 갈 것인가?', '통합교육 지원교사를 붙여야 할 것인가? 말 것인가?', '효과적인 학습기술(읽기, 쓰기, 수세기 등)을 지도하기 위한 방법은 무엇인가?', '초등학교 진학을 위해 필요한 사회적 기술은 무엇인가?', '초등학교 입학을 위해 입학 예정 학교를 방문해서 누구를 만나야 하는가?' 등을 들 수 있다.

치료사는 초등학교 입학이 부모에게 큰 도전이 될 수 있음을 이해할 필요가 있다. 따라서 치료사는 불안감을 경험하는 부모에게 따뜻한 공감과 격려를 제공해야 하며, 선택에 따른 장점과 단점을 함께 논의하면서 부모가 이 과정을 잘 지나갈 수 있도록 도와야 한다.

## 2. 가족문제 및 기타 질문들

장애아동의 부모는 부모상담에서 장애아동과 관련한 내용을 다루기 원하지만 그 외에 당면한 문제에 대해서도 치료사와 나누면서 문제를 해결하길 원한다. 장애아동 부모가 부모상담에서 많이 다루는 내용으로는 가족문제나 장애아동의 비장애형제 문제, 그 외 장애아동의 기관이나 학교 적응 및 또래관계 등도 포함된다.

그 질문들을 구체적으로 살펴보면, '내담아동 아버지의 양육에 대한 무관심'이나 '아동을 양육할 때 경험하는 부부의 불일치한 양육태도', '장애아동에게 집중하고 있어 비장애 형제를 잘 돌보지 못하는 것에 대한 미안함', '장애아동의 행동을 비장애 형제가 모방하는 것에 대한 걱정', 그 외에 '경제적인 문제', '부모의 개인적 스트레스' 등 다양한 내용을 내포하고 있다.

부모는 치료사와 신뢰관계가 형성되면서 자신이 경험하는 어려움을 치료사에게 이야기함으로써 해결의 실마리를 얻고 싶어 한다. 따라서 치료사는 장애아동의 부모가 가지는 가족 관련 문제에 대해서도 이해할 수 있어야 한다. 하지만 간혹 부모상담에서 다룰 수 없는 문제를 호소하는 부모가 있을 수 있다. 예를 들어, 부부관계나 부모 개인의 치료가 필요한 정서적 어려움 등이다. 이럴 경우 치료사는 부모에게 필요한 전문영역의 치료사에게 의뢰할 필요가 있다. 치료사가 부모의 개별 정서적 치료까지 개입하게 되면 내담 아동에게 온전히 집중하기 어려울 뿐만 아니라 치료자-부모, 치료자-아동 간의 관계 역동 또한 달라질 수 있기 때문이다.

# 참고문헌

김미경 (2017). 장애아동 상담 및 부모교육의 실제. 서울: 박영스토리.

박랑규, 안동현, 유희정, 어수지, 이솔, 신혜민 (2019). 발달장애아동 통합치료교육. 서울: 학지사.

보건복지부 (2018). 발달장애인 부모교육 과정 매뉴얼. 진한엠엔비.

신현기 (1999). 장애아동 부모교육론. 서울: 특수교육.

우리아이발달지원단 (2020). 보육현장 실무자의 문제행동 지도를 위한 간편 가이드북. 부산광역시장애인 종합복지관 우리아이발달지원단.

유수옥 (2021). 유아특수교육. 서울: 창지사.

정인숙, 조광순, 조윤경, 홍성두 (2008). 장애 영유아 선별 및 진단 · 평가 지침서 II. 국립특수교육원.

최금숙 (2017). 장애아동 부모의 스트레스에 관한 연구-선행논문 중심으로-. 명상심리상담, 18, 42-53.

O'Shea, D. J. (2006). 장애인 가족지원 (박지연, 김은숙 역). 서울: 학지사. (원서 출판 2000).

Shelton, T. L., Jeppson, E. S., & Johnson, B. H. (1987). *Family-centered Care for Children with Special Health Care Needs*. DC: Association for the Care of Children's Health.

Turnbull, A. P., & Turnbull, H. R. (1997). *Families, Professional, and Exceptionality: A Special Partnership*. Upper Saddle River, NJ: Merrill.

# 발달장애아동을 위한
# 주요 목표별 미술치료 개입

보건복지부에서 2018년 9월 발달재활서비스 제공인력과 관련된 개정안이 발표되면서 교육 현장이나 임상 현장에서도 장애아동의 특성에 대한 이해와 이들을 지원하기 위한 목표에 따른 개입이 이루어져야 한다는 것을 강조하고 있다. 대부분의 장애아동 미술치료는 장애아동의 인지, 행동, 정서, 사회성 및 의사소통 등에서의 문제행동을 수정하거나 개선하기 위해 적용된다. 이러한 목적 아래 장애아동 부모들은 장애아동의 문제행동이 미술치료를 통해서도 해결되기를 원한다. 때때로 미술치료사들은 장애아동 부모들의 요구에 따라 장애아동의 문제를 해결하기 위해 한꺼번에 많은 매체를 준비하거나 극적인 감각자극을 주는 프로그램을 계획하는 경우가 있다. 따라서 미술치료사는 발달장애 아동을 대상으로 미술치료적 개입을 할 때 공통적으로 다음과 같은 기본 원칙을 지켜야 한다.

첫째, 미술치료적 개입은 단순한 것에서 좀 더 복잡한 것으로,
둘째, 설명은 간단하게,
셋째, 매체는 최소한으로,
넷째, 매체는 무독성으로

이러한 기본 원칙을 바탕으로 다양한 환경에서 쉽게 실시할 수 있고 장애아동을 위한 특정기술 습득을 목표로 해야 한다. 또한 이러한 목표 아래 제공되는 미술매체는 내담아동의 특성을 고려하여 신중하게 선택해야 한다. 예를 들어 장애아동 중 입에 손을 넣는 버릇이나 이식증(pica, 먹을 수 없는 것을 먹는 것), 알레르기가 있거나 특수한 식이요법을 하고 있는 내담아동의 경우 치료사는 이 점들을 미리 숙지하여 재료에 들어 있는 성분을 사전에 파악해서 매체를 선택하는 것이 필요하다. 대부분 무독성 재료 및 수성페인트가 가장 쉽고 안전하게 사용할 수 있으므로 치료사는 미술매체를 구입할 때 재료성분을 확인하는 자세가 필요하다. 이러한 기본 점검을 바탕으로 7장에서는 발달장애아동의 감각통합촉진, 정서조절, 문제행동수정 등을 위한 주요 목표별 미술치료 개입에 대해 살펴보고자 한다.

# 7장

# 발달장애아동을 위한
# 주요 목표별 미술치료 개입

◉ **01. 발달장애아동의 감각통합 촉진을 위한 미술치료 개입**

　대부분의 장애아동 부모님들은 현재 자녀가 기능하기 어려운 부분이 미술치료를 통해 촉진되기를 원한다. 장애아동의 유형 및 발달 정도에 따라 이에 대한 호소 및 개입 수준은 매우 다양하다. 자녀가 이미 다양한 형태의 치료를 받고 있다면 대부분의 장애아동 부모님들은 기존에 사용되지 않았던 매체나 기법들을 미술치료 장면에서 요구하기도 한다. 장애아동 부모님들은 그것이 장애아동의 또다른 자극으로 작용하여 발달을 촉진한다고 생각할 수 있기 때문에 치료사는 자신이 어떤 자세로 매체나 기법을 제공해야 하는지 충분히 생각해볼 수 있어야 한다. 따라서 치료사는 개입이 여러 번 반복할 수 있고 같은 기법이라고 하더라도 다른 개입들과 다를 수 있다는 것을 장애아동 부모님들에게도 전달할 필요가 있다. 또한 필요하다면 치료사와 내담아동과의 미술치료 개입을 부모에게 알려주어 부모가 가정에서 자녀와 함께 실시할 수 있도록 안내해 주는 것이 필요하다.

## 1. 감각 경험을 통합할 수 있는 능력을 향상시키기

아동의 발달은 연령에 적합한 운동, 인지, 행동, 신체 성장 등 하위 영역 간의 긍정적인 상호작용의 결과로 이루어진다. 특히 장애아동의 경우, 연령뿐만 아니라 장애의 유형이나 정도에 따라 하위영역 간의 긍정적인 상호작용이 이루어질 수 있는 감각통합 활동을 필요로 한다. 감각통합이란, 신체와 정신 사이의 연결을 강화시키고 감각 경험에 대한 방어 또는 회피 행동을 줄이기 위한 모든 활동이라고 볼 수 있다. 따라서 미술치료에서도 감각통합을 위해 장애아동의 상태를 고려하여 미술치료 매체나 기법들을 신중하게 적용하는 것이 필요하다. 예를 들어 자폐스펙트럼장애(Autism Spectrum Disorder: ASD) 아동을 대상으로 물감이나 페인팅 관련 재료를 사용할 경우 그들의 조절문제를 촉발할 가능성이 가장 높기 때문에 초기에 바로 사용하기보다는 많은 시간과 노력을 기울여 어느 정도 반복적인 사용 또는 자기자극 방향으로써의 사용 경향을 늘려가는 것이 좋다.

대부분의 발달장애 아동들은 현재의 감각 상태를 진정시키는 재료보다는 현재의 감각 상태와 일치하는 재료를 선호하여 그 재료를 사용한 활동에 몰두하게 된다. 그러나 아동이 이러한 선택을 계속적으로 하도록 허용하는 것은 아동의 상태를 악화시킬 수 있다. 따라서 치료사는 매번 다른 재료를 제공하여 아동이 어떻게 반응하는지를 살펴보고 이 새로운 재료를 어떻게 사용하는지에 대해 모델링을 제공해주어야 한다. Lusebrink은 표 7-1과 표 7-2에 제시된 바와 같이 미술재료들을 부드러운(혹은 젖은) 것부터 단단한(혹은 딱딱한) 것까지의 연속적인 범위 내에서 분류하였고 미술재료들에 대한 여러 가지 감각 경험이 사람의 증상과 상호작용하여 작품의 내용에도 영향을 미친다고 하였다(Martin, 2009/2018).

## 표 7-1 Lusebrink의 2차원 작품을 위한 연속적인 범위의 미술재료 목록

| 펜, 볼펜 | 샤프연필 | 색연필 | 흑연연필 | 크레용왁스 | 수채화크레용 | 목탄연필 | 분 | 목탄스틱 | 파스텔분필 | 오일파스텔 | 사인펜 | 페인트마커 | 수채화물감 | 아크릴페인트 | 템페라페인트 | 핑거페인트 |
|---|---|---|---|---|---|---|---|---|---|---|---|---|---|---|---|---|

◄─── 단단한 ──────────────────────────────────── 부드러운 ───►

## 표 7-2 Lusebrink의 3차원 작품을 위한 연속적인 범위의 미술재료 목록

| 돌 | 목재 | 스티로폼 | 오븐베이킹점토 | 플라스티신(Plasti-cine)점토(어린이공작용) | 실리퍼티(Silly putty) | 공기건조점토(Plastic Roe) | 공기건조점토(Model Magic) | 플레이도(Play doh) | 천연점토 | 밀가루기반점토 | 종이반죽 | 면도용크림 |
|---|---|---|---|---|---|---|---|---|---|---|---|---|

◄─── 단단한 ──────────────────────────────────── 부드러운 ───►

장애아동에게 특정 재료를 제공하여 의미있는 미술작품을 완성하게 하는 것은 사례마다 다를 수 있다. 어떤 재료가 내담아동에게 적당한지는 치료사가 끊임없이 실험해 보고 지속 여부를 결정하는 것이 필요하다. 때로는 장애아동이 미술매체를 사용하는 데 있어서 특정 매체에서의 즐거움에 몰두한 나머지 다른 매체를 제시하더라도 그것으로 옮겨가는 데 시간이 오래 걸릴 수도 있다. 이때 치료사는 아동의 조절능력을 향상시키기 위해 미술 작업에서 어느 정도 수준의 절제를 요구하는 것이 필요하다.

　이와 더불어 감각 경험을 통합하기 위해서는 몸 전체를 미술활동에 통합하여 활동할 수 있는 것이 도움이 된다. 예를 들면, 몸 따라 그리기(body tracing), 몸 전체 페인팅(body painting), 사람 크기의 인형(body puppet) 만들기 등이 있다. 비장애아동들보다 장애아동들의 경우 이러한 활동이 감각통합으로 이루어지기 위해서는 많은 자원과 격려, 강화 등이 함께 이루어져야 하며 이것이 장애아동들에게 좋은 경험이 될 수 있도록 해야 한다.

## 2. 미술작업을 하는 데 있어서 재료 탐색을 증가시키기

　미술작업을 하는 데 있어서 다양한 재료는 내담아동의 경험을 촉진시키고 창의적인 사고의 확장을 가능하게 한다. 그러나 장애아동 특히 자폐스펙트럼 장애아동의 경우, 자신이 좋아하는 매체나 재료만을 고집하게 되면 치료사는 그 내담아동에게 다른 매체를 제시하기 어려울 수 있다. 그럼에도 불구하고 치료사는 다양한 매체를 통해 장애아동의 감각통합이 이루어질 수 있도록 하기 위해서는 내담아동이 몰두되어 있는 매체 외에 다른 재료를 탐색하고 이를 실제 미술작업으로 이끄는 과정이 필요하다. 때때로 내담아동은 치료사가 준비한 재료에 아예 관심을 보이지 않거나 아주 짧게 관심을 보이고 다시 자신이 몰두한 재료로 관심을 돌리는 경우가 많다. 이로 인해 치료사는 계속 내담아동이 하고 싶은 대로 놔둬야 하는지, 아니면 새로운 재료만을 제시해야 하는지에 대해 고민을 하게 된다. 이때 치료사는 내담아동이 몰두하고 있는 재료 외에 앞서 표 7-1, 2에 제시되어 있는 미술재료 목록에서 내담아동에게 적당한 다른 재료를 조금씩 제시하여 탐색 시간을 늘려가는 것이 필요하다. 또한 이러한 방법으로 미술매체를 탐색하게 한 후 미술 작품에 초점이 맞춰질 수 있도록 하는 것이 좋다.

## 3. 감각통합 촉진을 위한 미술치료 기법

감각통합이 잘 되는 아동들은 일상생활에서 하는 자조 활동을 쉽게 익히고 순서에 맞게 스스로 해낼 수 있게 된다. 또한 다른 친구들과 노는 것을 어려워하거나 다양한 외부 자극에 수동적인 반응을 보이기보다는 능동적인 대처를 할 수 있게 된다. 반면에, 발달장애아동들은 친구와의 놀이에서나 외부 자극에 능동적인 대처를 하기 어려울 수도 있다. 따라서 치료사는 발달장애아동들에게 미술매체를 제공하여 감각조절 및 통합발달을 촉진하고 그 아동들이 외부 자극에 능동적인 대처를 할 수 있도록 해야 한다. 이와 관련하여 대표적인 미술매체와 기법 적용을 소개하면 다음과 같다.

### 1) 수정토 작업

#### ① 목표

수정토 작업을 통해 시각적, 촉각적 변화를 경험하고 언어적 표현과 함께 감각통합 발달을 촉진한다.

#### ② 준비물

수정토, 그림틀, 물, 트레이, 숟가락, 수정토 담는 통이나 틀, 바닥에 까는 비닐 등

#### ③ 방법

- 트레이를 준비하여 수정토를 넣은 후 수정토를 만져본다.
- 물을 넣어 불린 수정토를 트레이에 넣은 후 이를 만져본다.
- 물을 넣지 않은 수정토를 동물 모양의 그림틀 위에 넣어 물체를 완성한다. 예를 들면 새 모양의 틀에 마른 수정토를 넣어 새 모양을 완성할 수 있다.

- 물을 넣어 불려진 수정토를 그림틀 위에 넣도록 한다. 숟가락을 사용하여 넣을 수 있도록 한다.
- 색깔별로 분리해서 통에 넣도록 한다. 다양한 방법으로 통에 옮겨 넣는 것을 반복해본다.
- 완성된 작품을 보고 내담아동의 장애나 발달수준을 고려하여 언어적인 상호작용이 이루어질 수 있도록 언어적 피드백을 함께 사용한다.

④ **임상적용 시 주의사항**

수정토 작업을 할 때에는 수정토를 물에 불리는 시간이 걸릴 수 있으므로 사전에 불린 수정토를 미리 준비하는 것이 좋다. 발달장애 아동 중 수정토를 먹을 것으로 착각하는 경우가 있으므로 입으로 가지고 가지 않도록 반복해서 아동에게 알려줄 필요가 있다. 또한 내담아동이 지시한 대로 미술작업을 진행했을 경우 칭찬과 같은 강화와 치료사의 언어적 모델링을 함께 제시하는 것이 좋다.

**그림 7-1 수정토 작업**

## 2) 코인티슈 동물 만들기

### ① 목표

코인티슈를 활용해 물과의 작용으로 인한 변화를 통해 시각, 촉각 변화를 경험하고 언어적 반응을 촉진한다.

### ② 준비물

코인티슈, 목공풀, 수채화물감, 프라스틱 컵, 물, 스포이드, 동물 모양 그림, 비닐

### ③ 방법

- 코인티슈를 만져본다. 만져본 후 느낌이 어떠한지 얘기해 본다.
- 아동이 좋아하는 물감 색을 프라스틱 컵에 물과 함께 섞는다.
- 아동이 좋아하는 물감 색 몇 개를 만들어 놓는다.
- 아동이 좋아하는 동물 그림 위에 코인티슈를 붙인다.
- 물과 섞은 물감을 스포이드로 이용하여 코인티슈 위에 적신다.
- 코인티슈의 변화에 대해 내담 아동과 이야기를 나눈다.

### ④ 임상적용 시 주의사항

발달장애아동의 경우 물감과 물을 섞을 때 물조절이 어려울 수 있으므로 물의 양 통제가 가능할 수 있도록 구멍이 작은 스포이드나 약통을 사용하는 것이 좋다. 또한 코인티슈를 그림 위에 붙이지 않으면 형태를 알아보기 어려운 작업이 될 수 있으므로 그림 위에 그림 모양대로 코인티슈를 아동과 하나씩 붙이는 작업을 먼저 한 후에 물감 작업을 하는 것이 좋다. 무엇보다도 내담아동이 이 작업을 하는 과정에서 치료사와의 언어화 작업이 수시로 이루어질 수 있도록 치료사의 언어적 모델링을 지속적으로 하는 것이 필요하다.

그림 7-2 코인티슈 작업

💡 **장애아동의 감각통합 촉진을 위한 미술치료 개입 Tip Tip Tip!**

A. 도구(예: 연필, 색연필 등) 사용 시 주먹을 쥐어 잡는 것은 방지할 것.

B. 점토 모델링은 작은 손가락, 팔, 어깨 근육 운동에 적합하며 상징놀이나 가상놀이에 적합하므로 이를 잘 적용하여 사용할 것

C. 물리적, 감각적 자원을 제공하는 데 있어서 아동이 부적절한 자기자극(self-stimulatory) 방법으로 미술도구 사용 시 다른 것으로 대체해 줄 것

## ◉ 02. 발달장애아동의 정서조절을 위한 미술치료 개입

정서는 복잡하고 서로 관련된 여러 발달과정을 반영하며 특정상황에서 또는 다양한 맥락에서 경험되거나 표현될 수 있다. 보통 4세경에는 기쁨, 슬픔, 분노, 두려움 등의 정서를 큰 오류 없이 구별하며, 만 5-6세경에는 이차적 정서를 포함한 모든 정서를 인식하는 수준이 거의 어른과 같아진다(고주연 외, 2019). 이러한 연령의 아동들은 여러 가지 상황적 단서를 기초로 하여 타인의 정서와 내적 의도를 이해하고 자신의 정서를 조절하게 된다. 발달장애아동들의 경우, 정서를 조절하여 표현하는 것이 그 연령의 비장애 아동들보다 더 어려울 수 있어 좀 더 면밀하게 치료적 접근을 하는 것이 필요하다.

### 1. 내담아동의 정서조절 상태 확인하기

개인이 자신의 정서와 정서적 상황을 다루는 데 있어서 이를 조절할 능력이 부족하다면 다른 사람의 정서를 인지하거나 자신의 정서를 통제하지 못하게 된다. Grant(2017/2020)는 자폐스펙트럼 장애 아동과 청소년의 정서조절을 여섯 가지 범주로 나누었는데, 정서 확인하기, 정서 이해하고 표현하기, 정서와 상황 인식하기, 다른 사람의 정서 인식하기, 정서경험 나누기, 그리고 정서 관리하기가 포함된다. 이를 요약하면 다음과 같다.

A. 정서 확인하기

내담 아동의 정서 상태를 확인하고, 정확하게 정서를 명명하고, 연령에 적절하게 여러 정서를 창조할 수 있는 능력

B. 정서 이해하고 표현하기

내담 아동이 좌절 대 분노와 같이, 자신이 경험하고 있는 특정 정서들을 이해할 수 있고, 자신이 느끼고 있는 감정을 다른 사람에게 언어로 의사소통하는 등 적절하게 표현할 수 있는 능력

C. 정서와 상황 인식하기

장례식에 참석하게 되면 슬픔을 느끼는 것과 같이 아동이 특정 정서나 특정 상황과 일치할 수 있다는 것을 인식하는 능력

D. 다른 사람의 정서 인식하기

부모가 슬프거나 화가 났을 때 또는 학교에서 다른 아동이 외로움을 느꼈을 때를 이해하는 것과 같이 내담 아동이 다른 사람의 정서와 정서표현을 인식할 수 있는 능력

E. 정서 경험 나누기

공동의 활동에 참여하는 동안에 즐거워하고 다른 사람과 교류하는 것과 같이 다른 사람과 서로 참여하면서 정서를 나눌 수 있는 능력

F. 정서 관리하기

확인된 감정들과 이것을 적절한 방법으로 표현할 수 있고 자기 조절을 위해 부정적인 정서를 다루는 법을 이해하는 것과 같이 자신의 정서를 관리하는 종합적인 능력

Grant(2017/2020)가 언급한 바와 같이 정서 확인하기에서부터 정서 관리하기까지의 범주로 향상될수록 좀 더 자신의 정서를 잘 조절할 수 있다고 볼 수 있다. 어떤 아동들에게는 자기 조절을 통해 더 좋은 감정 상태가 되기 위해 무언가를 할 수 있지만 어떤 장애아동들의 경우는 연습을 통해 정서조절을 배울 수 있도록 해야 한다. 또한 놀이 기반이나 미술 매체를 활용하여 즐거움이 함께 경험되어질 수 있도록 하는 것이 중요하다. 때로는 치료사조차 장애아동들과 미술작업을 하는 데 있어서 즐거움을 느끼지 못하는 경우가 있는데, 이때 내담아동들도 당연히 즐거움을 느끼지 못하게 된다. 미술 매체를 적용하여 정서 부분을 다룰 때에는 놀이와 연결하여 아동들에게 즐거운 경험이 될 수 있도록 하는 것이 중요하다.

장애아동 부모님들은 자녀가 부정적인 정서를 조절하지 못하고 가족이나 다른 사람들, 특히 또래 사이에서 이를 표현했을 때 사람들로부터 거부되거나 위축될 수 있다는 걱정을 하게 되면서 부정적인 정서를 표현하지 못하게 하는 경우가 있다. 여기서 적응적인 조절이란 진정한 정서를 경험하고, 긍정적인 정서와 부정적인 정서 상태 사이에서 시작하고 유지하며 유연하게 움직이는 것뿐만 아니라 필요 시에 고조된 긍정적인 또는 부정적 정서의 각성 상태를 줄일 수 있는 능력이라고 할 수 있다(Bridges, Denham, & Ganiban, 2004: Thompson, 2014). 특히 자폐스펙트럼장애 아동과 청소년들이 종종 정서조절의 어려움을 겪게 되는데, 긍정적인 정서와 부정적인 정서 모두를 관리하고 조절하는 것은 도전이 될 수 있다. 정서를 조절할 수 있는 적절한 능력이 없거나 훈련이 되어 있지 않다면 부정적이고 원하지 않은 행동을 할 수 있다(Grant, 2017/2020). 따라서 장애아동의 정서조절 정도를 확인하여 거기에 맞게 정서조절을 목적으로 개입을 진행해야 한다.

## 2. 즐거움이 있는 미술 놀이 기반 정서조절 경험하기

미술활동은 발달장애아동의 정서적 어려움이나 이에 대한 감정을 정확하게 인지하고 처리할 수 있도록 돕는데 매우 유용하다. 왜냐하면 아동, 미술, 치료사 간의 삼각관계에서의 미술이 아동과 치료사 간의 상호작용을 부드럽게 하고 촉진시키는 역할을 수행하기 때문이다. 또한 이때의 미술작품은 시간이 지나도 내담아동의 기억과 학습을 강화하기 위해 떠올리는 대상으로서의 기능을 수행할 수 있게 한다. 이처럼 미술작업이 내담아동에게 기억되기 위해서는 즐거움이 있는 미술 놀이가 되어야 한다. 더불어 내담아동과의 활동에서 치료사도 즐거움을 느끼고 있는지에 대해서도 점검해야 한다. 미술작업에서의 즐거움은 내담아동과 치료사에게 매우 중요하다. 따라서 미술재활서비스를 진행하면서 어떻게 하면 미술작업 과정을 놀이 형태로 확장할 수 있는지와 치료사도 함께 즐거울 수 있는 방법을 찾아보는 것이 필요하다. 이러한 치료사와 내담아동의 즐거운 경험은 가정에서도 부모와 내담아동이 함께 여러 번 반복해서 연습하게 함으로써 내담아동이 도달하고자 하는 정서조절 수준이나 기술을 성공적으로 사용할 수 있도록 도와줄 수 있다.

## 3. 정서조절을 위한 미술치료 기법

### 1) 감정 얼굴 만들기

#### ① 목표

- 장애아동의 다양한 감정과 표정을 연결하여 감정에 대한 인식을 증가시킨다.
- 상황에 따른 자신의 감정을 이해하고 표현하도록 한다.

② 준비물

두꺼운 종이, 막대기(나무젓가락이나 수수깡), 얼굴표정 그림, 가위, 크레파스, 풀 등

③ 방법

- 다양한 얼굴표정 이미지들을 두꺼운 종이에 붙인다.
- 준비한 얼굴표정 외에 또 다른 얼굴 표정을 그려본다.
- 얼굴표정 이미지를 수수깡이나 나무막대기를 붙인다.
- 내담자에게 각각의 얼굴표정을 보고 치료자가 언어로 표현하는 것을 따라 말하게 한다.

  예: 나는 슬퍼요. 나는 _____ 할 때 슬퍼요.
- 놀이 형태로 치료사가 '슬퍼요'라는 단어를 말하면 내담자가 얼굴표정을 찾아 맞출 수 있도록 한다.

④ 임상적용 시 주의사항

발달장애아동의 정서표현 정도에 따라 난이도를 다르게 할 수 있다. 전혀 언어적 소통이 이루어지기 어려운 경우, 비슷한 음성적 반응을 해도 그것에 대한 긍정적인 피드백을 주고 그 감정 단어에 익숙해질 수 있도록 반복하는 것이 좋다.

그림 7-3 감정얼굴 작업

## 2) 감정 쓰레기통

### ① 목표

- 내담아동의 부정적인 감정을 안전하게 표현할 수 있도록 한다.
- 부정적인 감정을 처리할 수 있는 방법을 익힌다.

### ② 준비물

샌드위치백(브라운 종이백), 가위, 크레파스, 풀, 신문지, 여러 감정 표정 이미지 등

### ③ 방법

- 다양한 얼굴표정 이미지들을 보고 내담아동이 그 감정에 대해 얼굴표정으로 표현하게 한다.
- 긍정적 감정과 부정적 감정을 나누어 본다.
- 브라운 종이백을 쓰레기통 형태로 만든다.
- 부정적인 감정이 들 때 신문지를 활용해서 구기거나 뭉치는 형태로 만들고 일정 거리에 던져보는 놀이 활동을 한다.

- 쓰레기통 형태의 종이 백 안에 부정적인 감정 이미지나 구겼거나 뭉쳤던 신문지를 넣는다.
- 감정 쓰레기통을 어떻게 처리하고 싶은지 이야기를 나눈 후 마무리 작업을 한다.

④ 임상적용 시 주의사항

내담 아동이 긍정적인 감정과 부정적인 감정을 구분하고 표현할 수 있는 정도는 아동의 발달과 장애 정도에 따라 다를 수 있다. 이때 치료사는 자신이 계획했던 것보다 내담아동이 수행하기 어려워하거나 그 활동에 몰두하지 못할 수도 있음을 인지하고 있어야 한다. 이에 치료사는 계획한 대로 이루어지지 않더라도 내담아동의 발달 정도와 속도에 맞춰 기다려주거나 융통성 있게 계획을 수정할 수 있어야 한다. 내담아동이 치료 장면에서 부정적인 감정을 담은 감정쓰레기통을 어떻게 하고 싶은지 물어보고 마무리 작업을 할 수 있도록 한다.

그림 7-4 감정쓰레기통 작업

자신의 감정
쓰레기통
이름 적기

💡 **장애아동의 정서조절을 위한 미술치료 개입 Tip Tip Tip!**

A. 치료사와 내담아동이 함께 즐거운 경험이 될 수 있도록 할 것

B. 긍정적인 정서 표현뿐만 아니라 부정적인 정서 표현이 치료장면에서 미술작업을 통해 충분히 수용될 수 있도록 할 것

◉ **03. 발달장애아동의 문제행동 수정을 위한 미술치료 개입**

문제행동은 장애아동이나 비장애 아동 모두에게서 발생할 수 있는데, 이는 발달과정에서 일어날 수 있는 행동이다. 그러나 장애아동의 경우 문제행동이 발생하는 비율이 비장애아동에 비해 3~5배 정도 높다(고주연 외, 2019). 문제행동은 여러 학자에 따라 다양하게 정의내릴 수 있는데, 공통적으로는 아동 자신뿐만 아니라 다른 사람에게 신체 또는 생활에 위험을 초래하거나 해를 끼치는 행동이나 물리적 환경에 손상을 입히는 행동, 학습 및 활동에 참가하는 것을 방해하는 행동 등을 말한다. 발달장애아동들의 문제행동에 대해 부모나 양육자들이 개입하지 않거나 방관하게 되면 문제행동이 다양해지고 심각해질 수 있어 학습의 어려움이나 또래와의 관계형성에도 어려움을 초래할 수 있다. 이러한 문제행동의 심각성은 행동의 대상이 자신과 타인에게 손상을 입혔는지의 여부, 안전에 대한 위협 여부, 타인과의 상호작용 회피 여부에 따라 결정된다. 따라서 이러한 문제행동에 대한 개입은 발달장애아동 개인차를 고려하여 개별적 또는 집단적으로 이루어질 필요가 있다.

## 1. 문제행동 감소를 위한 행동수정 기법 사용하기

　　최근까지 발달장애아동의 문제행동을 감소시키기 위한 방법으로써 토큰강화, 소거, 타임아웃 등의 행동수정기법을 주로 사용하여 왔다. 최근에는 문제행동에 대한 연구가 많아지면서 문제행동의 기능에 따른 개입과 더불어 문제행동 예방 차원으로 확장되었다. 주로 환경과 규칙 등을 반영하는 보편적인 개입과 더불어, 이에 반응하지 않는 대상을 위한 중재, 일대일 개별적 개입을 필요로 하는 중재로 구성되는 긍정적 행동 지원 형태로 이루어지고 있다. 발달장애 아동의 문제행동이 발생하는 시기는 취학 전이 가장 높고 그 다음으로 취학 후인 것으로 나타났다(신준욱, 2020). 따라서 발달장애 아동의 문제행동에 대한 개입은 취학 후에 큰 어려움을 보일 수 있으므로 가능한 빨리 이루어질 필요가 있다. 또한 문제행동의 유형으로는 소리 지르기, 울기, 던지기, 타인을 방해하기 등의 순으로 나타났고 장애아동 부모님들이 이러한 문제에서 우선 개입하기를 바라는 행동으로는 생명에 지장을 줄 수 있는 행동, 상대방에게 방해가 되는 행동, 상동행동인 것으로 나타났다(신준욱, 2020). 문제행동이 심각해지면 새로운 발달기술을 습득하기 어려울 뿐만 아니라 가족 또는 또래와의 관계형성의 어려움이 발생하게 되고 상호작용 발달을 방해하기 때문에 치료사는 먼저 이들의 문제행동에 대한 전반적인 이해를 해야 한다. 문제행동에 대한 이해와 더불어 문제행동에 대한 접근은 단순한 개입을 통해 복잡한 문제행동을 해결하기보다는 서로 연결되어 있는 문제행동 특성을 반영한 다중적인 접근을 통해 이를 동시에 해결하는 것이 문제행동을 감소시키고 바람직한 행동을 유지하는데에도 많은 도움을 줄 수 있다.

대부분 문제행동은 크게 행동과잉과 행동결핍으로 나눌 수 있다. 행동과잉의 경우는 발달장애아동에게 자주 일어날 수 있는 행동이지만 이러한 행동이 너무 자주 빈번하게 일어남으로써 주변 사람들과의 갈등을 일으키고 일상생활이 어려워질 경우 문제행동으로 분류될 수 있다. 예를 들면, 교사나 부모를 발로 차거나 할퀴고 물건을 집어 던져서 기물을 파손하는 행위를 타인에게 하거나 벽에 머리를 박거나 먹을 것에 집착하는 것, 피가 날 정도로 손톱을 물어뜯음으로써 자신을 해치는 행동 등의 공격적이고 과잉적인 행동이 포함된다. 다른 사람과 상호작용을 하지 않는다거나 말을 하지 않는 등의 반응이나 행동이 너무 드물게 일어나는 행동결핍 또한 정상적인 일상생활을 어렵게 만드는 문제행동이라고 할 수 있다. 여기서는 행동과잉을 나타내는 주의력결핍 과잉행동과 충동성 문제행동의 개입을 살펴보고자 한다.

발달장애 아동 중 일부 아동들의 경우 주의집중 범위에 제한이 있고 주의가 산만한 경향이 있다. 모든 발달장애 아동들이 주의가 산만하거나 수업 참여가 어렵다는 것은 아니다. 임상수련을 하는 수련생들이 주로 만나는 발달장애 아동의 경우 착석이 어렵거나 주의집중 시간이 짧아 치료적 개입을 진행하기 어려울 수 있는데, 이러한 사례에 대한 치료적 접근 방법으로 행동주의 이론에 근거한 행동수정 기법을 적용해 볼 수 있다.

A. 행동이 아동 자신이나 다른 사람들에게 손상을 입히는가?

B. 행동이 아동 자신이나 다른 사람들의 학습을 방해하는가?

C. 행동이 아동 자신이나 다른 사람들의 안전에 대한 위험 요소를 제공하는가?

D. 행동이 나이에 적절하며 일시적으로 지나가는가?

E. 행동이 전형적인 발달을 보이는 또래들과 비슷한 빈도로 발생하는가?

F. 행동이 다른 영역의 기술 부족의 결과로 발생하는가?

G. 행동으로 인하여 다른 사람들이 아동과의 상호작용을 피하는가?

H. 행동이 다음 단계의 가장 가능한 배치에서 문제를 일으킬 것인가?

I. 행동이 다른 상황에서 문제를 나타날 것인가?

출처: 고주연 외 (2019). 장애아동의 이해.

## 2. 자기조절력을 증진시킬 수 있는 프로그램 계획하기

자기조절이란 사회적으로 인정되는 방식으로 행동하며 적절하지 못한 행동을 통제하는 능력으로 아동이 사회화 되는데 중요한 역할을 하며, 인지, 정서, 행동의 조절을 관찰한다(고주연 외, 2019). 자기조절이 부족하게 되면 주의집중이 어렵거나 과잉행동을 할 수도 있고, 학습동기도 부족하여 학습상의 어려움을 호소할 수도 있다. 또한 다른 사람들이나 자신에게 공격적인 행동을 할 수도 있고 이로 인해 대인관계의 갈등을 보일 수 있는 등 통제 부족의 특성을 보이게 된다.

이와 같은 통제 부족에 대한 자기조절을 증진시키기 위한 중재 방법으로는 게임놀이 형태를 활용하거나 신체 활동으로 연결짓게 할 수도 있고,

경쟁과 규칙 등이 적용되는 프로그램을 계획할 수 있다. 표 7-3은 발달장애아동의 자기조절 증진을 위한 미술치료 프로그램의 예를 보여주고 있다.

**표 7-3 발달장애아동의 자기조절 증진을 위한 미술치료 프로그램 예**

| 단계 | 회기 | 주제 | 활동내용 | 기대효과 | 재료 |
|---|---|---|---|---|---|
| 초기 | 1 | 만나서 반가워요 | 1. 내담자와 치료사 소개<br>2.상담구조화<br>3. 규칙정하기<br>4. 자유화 | 라포형성 필압, 범위, 선호도 등을 파악 | A4용지, 그리기 도구 |
| | 2 | 난화작업 | 1. 눈감고 호흡하기<br>2. 몸을 자유롭게 움직이기<br>3. 낙서하기 | 눈-손 협응, 소근육 사용, 자발적 활동 성취감, 순서 지키기, 자기조절 능력향상 | 종이. 크레파스, 싸인펜, 강화물 |
| | 3 | 난화협동화 | 1. 눈감고 호흡하기<br>2. 몸을 자유롭게 움직이기<br>3. 치료사와 교대로 난화 그리기 | | |
| 중기 | 4 | 핑거페인팅 | 1. 로션 바르기<br>2. 물감 만들어놓기<br>3. 네모 또는 동그라미 틀 만들기<br>4.틀 안에서 핑거페인팅 작업하기(틀을 벗어나지 않고 작업을 한 경우, 강화물 제공) | 치료사와의 상호작용 및 라포형성, 근육 이완, 소근육 사용, 눈-손 협응, 자기조절 능력향상 | 로션, 물감, 모양틀, 종이, 싸인펜, 강화물 |
| | 5 | 손바닥찍기 | 1. 로션 바르기<br>2. 물감 섞어 만들기<br>3. 8절지에 태두리 그리기<br>4. 테두리 안 물감 손바닥 찍기 | | |

| | | | | | |
|---|---|---|---|---|---|
| 중기 | 6 | 박스 속 구슬물감 그리기 | 1. 박스 안 도화지 깔기<br>2. 구슬을 종이접시에 풀어놓은 물감 묻히기<br>3. 박스 속에 구슬 굴리기 | 눈-손 협응, 소근육 사용, 자기 조절, 능력 향상, 규칙 이해 | 상자 틀, 구슬, 종이 접시, 물감, 강화물 종이 골대 |
| | 7 | 구슬물감 게임하기 | 1. 박스 안 골대 만들기<br>2. 구슬을 종이접시에 풀어놓은 물감 묻히기<br>3. 박스 속에 구슬 굴려서 골대에 넣기 | | |
| 후기 | 8 | 코인티슈 물감놀이 | 1. 코인티슈를 폼보드에 붙이기<br>2. 물과 물감 섞어 놓기<br>3. 스포이드를 활용하여 코인티슈에 물감 떨어뜨리기 | 눈-손 협응, 소근육 사용, 자기 조절향상 | 폼보드, 코인 티슈, 물감, 스포이드, 목공풀 |
| | 9 | 코인티슈 동물 완성하기 | 1. 좋아하는 동물 그림 위에 코인티슈를 붙이기<br>2. 물과 물감 섞어 놓기<br>3. 완성된 코인티슈 동물에 물감 떨어뜨리기 | | |
| | 10 | 보물상자 만들기 | 1. 상자를 고르기<br>2. 내담자가 상자에 담고 싶은 자신이 좋아하는 물건이나 미술작품에 대해 이야기 나누기<br>3. 상자 꾸미기<br>4. 자유화 그리기 | 눈-손 협응, 소근육 사용, 자발 적 활동 및 성취감 | 상자 목공풀, 스팽클, 그리 기 도구, 플레이 콘, A4용지 |

## 3. 문제행동 수정을 위한 미술치료 기법

장애아동의 문제행동 수정을 위해서는 우선적으로 상담 장면에서 착석과 같은 규칙을 잘 지키는 것과 치료실에 들어올 때 치료사에게 인사를 하는 것부터 교육시키는 것이 필요하다. 또한 대부분 집중시간이 짧아 주의가 산만하거나 충동적인 행동을 보이는 경우가 많아 이러한 문제를 수정하기 위해서는 주의집중 시간을 늘릴 수 있는 미술치료적 개입 방법이 적용될 필요가 있다. 이와 관련하여 몇 가지 문제행동 수정을 위한 미술치료 기법을 소개하면 다음과 같다.

### 1) 출석 스티커 작업

#### ① 목표

- 장애아동이 매 회기 참석에 대한 약속을 지킬 수 있도록 한다.
- 규칙성에 대한 이해를 증진시킨다.

#### ② 준비물

8절지 또는 A4용지, 유성싸인펜, 스티커, 내담자가 좋아하는 이미지 등

#### ③ 방법

- 내담아동이 좋아하는 이미지나 캐릭터 등을 준비해 놓은 후 고르게 한다.
- 8절지 또는 A4용지에 치료 회기 수에 해당하는 칸에 점을 찍는다.
- 그 칸을 유성싸인펜으로 연결하여 회기 칸을 완성한다.
- 맨 위에 이름을 쓰고 아래 여백에 내담아동이 좋아하는 이미지를 붙인다.
- 내담아동과 함께 회기 날짜를 쓰고 내담아동이 좋아하는 스티커를 붙

여 출석부를 완성한다.

④ **임상적용 시 주의사항**

장애아동의 소근육 사용 가능 정도에 따라 치료사가 출석부 형태 준비 정도가 달라질 수 있다. 내담자가 좋아하는 캐릭터나 이미지에 대해 사전에 내담아동 부모님을 통해 파악해 놓거나 치료사가 내담아동의 행동관찰이나 면담 과정에서 파악하여 이를 준비해 놓는 것이 필요하다. 또한 내담아동이 스스로 칸을 만들기 위해 선을 하나씩 연결할 때마다 칭찬이나 스티커 등의 강화물을 사용하여 성취감을 느낄 수 있도록 한다. 초기에 이루어지는 미술 작업이지만, 매 회기 사용할 수 있는 출석부이므로, 내담아동이 좋아하는 스티커나 강화제를 변경하여 사용할 수 있다.

**그림 7-5 출석 스티커 작업**

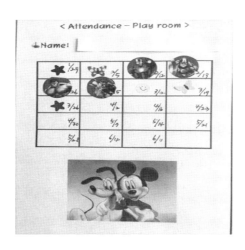

## 2) 규칙카드 및 동물 인사장갑 만들기

### ① 목표

내담아동이 가장 어려움을 보이는 문제행동의 빈도를 줄이고 바람직한 행동의 빈도를 증가시킨다.

### ② 준비물

8절지, 스틱 또는 수수깡, 플라스틱 부채, 규칙과 관련된 이미지, 동물 이미지, 비닐장갑 또는 천 장갑, 글루건, 오공풀, 가위 등

### ③ 방법

- 내담 아동의 가장 시급한 문제행동이 무엇인지 파악한다.
- 바람직한 행동 이미지를 8절지에 붙이거나 프라스틱 부채에 붙인다.
- 내담 아동이 좋아하는 동물 이미지를 비닐장갑이나 천장갑에 붙인다.
- 내담 아동의 강화목록에서 바람직한 행동(예: 착석, 인사하기)을 할 때마다 강화물을 제공한다.
- 매 회기 규칙카드나 인사장갑을 사용하여 내담아동의 바람직한 행동의 빈도를 증가시킨다.

### ④ 임상적용 시 주의사항

규칙카드는 내담아동의 처음 정한 바람직한 행동(예: 착석이나 인사하기)이 증가하면 또 다른 형태의 규칙카드 등을 만들어서 사용하는 것이 좋다. 내담아동의 발달이나 장애 정도에 따라 바람직한 행동이 갑자기 증가하기는 어려울 수 있으므로 지속적이고 반복적으로 적용하는 것이 필요하다. 장애아동 중 비닐에 대한 느낌을 싫어하는 경우도 있어 내담아동의 손 크기에 맞는 천이나 다른 재질의 장갑을 사용할 수 있다. 규칙카드의 경우 몇 가지의

규칙카드를 마련하여 통에 넣고 내담아동이 잘 지킨 규칙이 무엇인지 맞춰 보는 등의 놀이 형태로 확장해서 적용해 볼 수 있다.

**그림 7-6 규칙카드와 동물인사장갑**

### 3) STOP 사인 만들기

#### ① 목표

내담아동의 충동적인 행동 등의 문제행동으로 이어지지 않도록 잠시 생각과 행동을 멈춤으로써 문제행동의 빈도를 줄인다.

#### ② 준비물

STOP 사인지, 보드판, 플레이콘, 목공풀, 가위 등

#### ③ 방법

• 내담아동의 문제행동이 무엇인지 파악한다.
• 문제 행동을 줄이기 위한 STOP 사인지를 보드판에 붙인다.
• 그 위에 플레이콘을 글씨에 맞춰 붙인다.

- 내담아동이 바람직하지 않은 문제행동이 보일 때 이 STOP 사인을 활용한다.
- 반복적으로 바람직하지 않은 문제행동이 보일 때마다 이 사인을 사용함을 내담아동에게 알려주고 그때 아동이 그 행동을 멈추면 강화물을 사용한다.

④ **임상적용 시 주의사항**

STOP이 영어로 단순히 멈추라는 의미이기도 하지만, S(Stop), T(Take a breath), O(Observe), P(Pull back and Proceed) 단계로 사용할 수 있다. 문제 행동이 발생하면 우선 멈추고(Stop) 심호흡을 하게 하고(Take a breath), 내 몸에서 무엇이 일어나는지와 내가 무슨 생각을 하는지를 관찰한 후(Observe), 새롭게 깨달은 감각과 함께 한 걸음 물러서서 바람직한 행동과 같은 새로운 선택을 하도록(Pull back and proceed) 안내할 수 있다. 이러한 과정은 내담아동의 장애와 발달 정도에 따라 달라질 수 있으므로 내담아동의 수준을 충분히 고려하여 적용할 필요가 있다. STOP이 쓰여 있는 종이가 작으면 플레이콘 크기가 커서 글자 넘게 붙여지는 경우가 있어 사전에 치료사가 가위로 잘라 놓거나 내담아동이 가위 사용이 가능하다면 스스로 잘라 놓게 한다.

**그림 7-7 STOP 사인**

💡 **발달장애아동의 문제행동 수정을 위한 미술치료 개입 Tip Tip Tip!**

A. 내담아동의 경험 정도를 확인할 것

내담아동이 가진 증상의 강도가 주기적으로 변화할 수 있기 때문에 내담아동이 연습을 통해 바람직한 행동이나 집중시간 빈도를 늘리거나 특정 그림이나 낙서를 습득하도록 하고 이를 내담아동이 집중하면서 혼자 그릴 수 있는지를 확인하는 것이 필요하다.

B. 아동 스스로 작업할 수 있도록 가르쳐줄 것

내담아동이 문제행동을 줄이고 바람직한 행동을 증가시키는 미술작업이 모두 실패할 경우 치료사는 기초적인 낙서 형태 및 도형들을 가르쳐줌으로써 아동이 스스로 작업할 수 있도록 하는 것이 필요하다.

C. 내담아동의 강화물을 수시로 점검할 것

내담아동에게 적합한 강화물을 사용할 경우, 수시로 강화물의 효과를 점검하고 필요하면 다른 강화물로 대체하거나 점점 직접적인 강화물보다 토큰 강화와 같은 강화물이나 프리맥 원리를 이용하여 내담아동이 선호하는 미술매체나 작업으로의 전환을 시도해 보는 것이 필요하다.

## ⊙ 04. 발달장애아동의 사회성 증진을 위한 미술치료 개입

인간은 개인으로서 존재하고 있더라도 타인과 끊임없이 관계를 맺고 더불어 살아가며 서로 영향을 주고받게 된다. 그렇기 때문에 개인이 가진 다양한 지식과 기술이 아닌 다른 사람과의 관계 속에서 조화롭게 협력하여 소통하며 살아갈 수 있는 사회적 능력이 요구된다. 이러한 사회성은 일상생활에서 다른 사람과 잘 지내는 능력이며 주어진 환경 안에서 상황에 적절하게 자신의 요구를 전달하고 대인관계에서 상대방의 의사를 파악할 수 있는 중요한 발달 영역이다.

비장애아동의 경우 이러한 사회적 기술이 일상 속에서 자연스럽게 일어나는 상황을 통하여 발달하는 데에 반해 전반적인 정신적, 신체적 발달의 지체를 보이는 장애아동들은 인지적 능력뿐만 아니라 대인관계 능력에서의 어려움을 보일 수 있다. 그들은 언어 사용이나 의사소통을 하는 데 있어서 어려움을 보이며 사회적 상호작용에서도 많은 갈등을 일으키기도 한다. 이때 사회적 상호작용 문제에 대한 치료적 개입을 하지 않게 되면 이후 성인이 되었을 때에도 독립적인 삶을 영위하는데 필요한 직장생활이나 다른 사회적 관계를 필요로 하는 생활에서의 어려움이 더 심화될 수 있으므로 장애아동에게 적절한 사회적 기술을 증진시킬 수 있는 프로그램을 제공해야 한다.

### 1. 발달장애아동과 의사소통할 수 있는 다양한 방법 시도하기

우리가 미술매체를 사용하여 장애아동의 사회성이나 의사소통 문제를 다룰 수 있지만 이외의 장애아동과 의사소통할 수 있는 방법들도 함께 고려하는 것이 필요하다. 물론 미술매체는 다른 매체보다 자신의 감정을 표현하는데 좋은 방법이다. 미술은 상상력과 시각적, 감각적, 창조적 영역에서 아동을 가장 잘 도울 수 있는 매체이기도 하다. 그러나 우리가 만나는 장애아동 중에서는 장애아동의 발달수준과 장애정도나 특성에 따라 미술매체만을 활용한 의사소통이 어려울 수도 있다.

따라서 치료사는 미술매체를 활용한 의사소통 접근 방법 외에 장애아동이 보이는 비언어적, 언어적 의사소통 방법에 귀기울이고 주의깊게 관찰해 봐야 한다. 특히 ASD 아동은 인지 및 언어 능력에 따라 의사소통 수준이 매우 다양하게 나타나지만, 공통적으로 화용언어능력의 문제를 지닌다. 여기서 화용언어능력은 말하는 사람에게는 듣는 사람의 의도를 인식하고 이해하는 능력이며, 듣는 사람에게는 말하는 사람의 의도를 인식하고 이해하는 능력을 말한다(김영태, 2014). 이러한 능력이 부족하게 되면 상대방과 의사소통을 하는데 어려움이 발생하고 사회적 맥락이나 학교생활에서의 규칙 등을 이해하기 어려울 수 있다. 따라서 이들에게 여러 가지 의사소통할 수 있는 방법들을 알려주고 이를 익힐 수 있도록 도와주는 것이 필요하다. 예를 들어 내담아동이 말을 하지 않을 경우에는 전자통신 기기(핸드폰 앱 등)를 통해 소리내어 말하는 장치 등으로 의사소통할 수 있음을 가르칠 필요가 있다. 또한 치료사는 내담자가 말을 하지 않을 경우라도 대부분의 사람들이 타인의 얼굴에 나타난 감정을 말하는 것처럼 "00야, 선생님은 00가 이렇게 해줘서 너무 좋단다."라는 수사법이나 은유 등을 사용해서 설명을 해주거나 치료사 자신의 사고 과정을 말로 하는 것이 좋은 교육적 도구가 될 수 있다.

때로는 내담아동이 말을 하지 않거나 말을 하더라도 스트레스 상황에서는 아동의 언어적 의사소통이 불가능해질 수가 있다. 이때 내담아동이 언어로 표현하지 않았지만 무엇을 말하고자 하는지 관찰하고 아동 자신이 무엇이 필요한지를 표현할 수 있도록 도와야 한다. 예를 들면, 내담아동이 어두운 크레파스색을 사용하였거나 크레파스를 던지거나 꽉 쥐는 등의 행동을 하였다면 이를 관찰하고 무엇을 필요로 하는지 최대한 내담아동이 표현할 수 있도록 기다리고 의사소통을 시도할 수 있게 돕는 것이 무엇보다 중요하다. 또한 치료사는 내담아동이 미술매체 뿐만 아니라 다양한 형태로 장애아동과 의사소통할 수 있는 방법에 좀 더 융통성 있는 접근을 할 수 있어야 한다.

## 2. 가능할 때마다 적절한 사회 행동을 강조하고 이에 보상하기

장애 정도가 심할수록 기본적인 사회성 표현이 어려운 경우가 많다. 예를 들면 기본적인 눈맞춤이나 인사, '고맙습니다, ~해 주세요.'와 같이 연령에 맞는 적절한 예절을 표현하기 어려울 수 있다. 치료사는 이러한 행동을 할 수 있게 권장하고 이것을 치료사와 내담아동의 상호관계를 통해 보여줄 필요가 있다. 이를 위해서는 긍정적 행동지원과 보상체계가 함께 이루어지는 것이 좋다.

여기서 긍정적 행동지원(Positive Behavior Support)은 개인의 행동에 영향을 주는 변인들을 종합적으로 사정하고 이에 기초해 긍정적이고 효과적인 중재를 설계하는 것이다. 이는 단순하게 눈에 보이는 문제행동만을 파악하고 그 행동만을 감소 또는 증가시키는 접근법이 아니라 삶 자체를 윤택하게 하는 중재(정대영, 김영아, 2010)라고 볼 수 있다. Gray(1995)는 발달장애아동의 문제행동에 대한 긍정적 행동지원의 방법으로 사회적 이야기를 활용하는 것이 필요하다고 하였는데, 이는 자폐 아동이 특정한 사회적 프로토콜을 이해하고 이를 따를 수 있도록 돕기 위한 것이다. 예를 들면, 학교 교실 상황에서 타인과 이야기 할 때 자신의 요구를 표현하도록 하는 상황('어른과 이야기하기')에서 '기다리기'를 요구받는 상황과 관련된 이야기를 글과 상징적으로 표현된 그림으로 제작한다. 이때 아동이 언제나 읽어달라고 요청할 수 있도록 아동의 시선이 닿는 곳에 놓아두면 아동의 떼쓰기 행동이 급격히 감소할 수 있다. 이러한 연구결과는 발달장애 아동의 문제행동을 줄이거나 사회성을 증진시키기 위한 방법으로 이야기를 활용하는 것이 긍정적일 수 있음을 보여준다.

보상은 내담아동으로 하여금 바람직한 행동, 예를 들면, 치료 장면에 들어오자마자 인사하기와 같은 행동이 일어날 수 있도록 강화체계를 활용하는 것이다. 내담자가 좋아하는 강화물을 사회성과 관련된 바람직한 행동이 일어날 때마다 사용하는 등의 강화체계를 적용한다면 이 또한 내담아동의 사회성 증진에 도움이 될 수 있다.

## 3. 사회성 증진을 위한 미술치료 기법

### 1) 꼬리 이어 붙이기

#### ① 목표

치료사와 내담아동이 교대로 하는 미술작업을 통해 사회적 상호작용을 증진시킨다.

#### ② 준비물

다양한 색깔의 8절지나 마분지, 이미지, 색종이, 크레파스, 유성싸인펜, 색연필, 가위, 풀 등

#### ③ 방법

• 내담아동이 좋아하는 동물에 대해 이야기를 나눈다.
• 다양한 색깔의 8절지를 세모 모양으로 잘라서 내담아동이 한 종이에

그림을 그리고 치료사는 다른 종이에 그림을 그린 후 서로 이어 붙인다.

- 다음으로 내담아동이 다른 매체를 활용하여 그림을 그리고 색을 칠한 후 그 그림을 치료사 그림 뒤에 이어 붙인다.
- 이렇게 여러 번 걸쳐 치료사와 내담아동이 미술작업을 연이어 붙인 후 동물의 눈이나 입 등을 붙인다.
- 다른 형태의 동물을 치료사와 내담아동이 번갈아 붙여서 만든다.
- 만든 두 동물을 치료사와 내담아동이 하나씩 든 후 역할놀이를 한다.

④ **임상적용 시 주의사항**

내담아동의 장애나 발달 정도에 따라 가위 사용이 어려울 수 있으므로 사전에 치료사가 8절지 종이를 잘라 놓는 등 준비를 해놓는 것이 필요하다. 또한 그림을 어려워하는 내담아동의 경우, 다양한 색깔의 종이를 사용하거나 잡지, 스티커, 색종이 등을 사용할 수 있도록 치료사가 다양한 종이 매체를 준비해 두는 것이 좋다. 내담아동의 사회성 증진을 위해서는 만든 미술작품을 가지고 역할놀이로 확장하는 것이 좋다. 이때 내담아동과의 언어적인 의사소통이 일어날 수 있도록 사회적 상황을 만들고 그것에 맞게 내담아동이 답변을 하면 보상체계를 활용하도록 한다.

그림 7-8 꼬리 이어붙이기 작업

## 2) 스퀴글 그림 보물 찾기

### ① 목표

• 내담아동에게 다른 사람과 관계를 맺는 기회를 제공하고 시각적 요소
들을 만들어서 관계맺기에 대한 학습과 기억을 강화시킨다.

### ② 준비물

• A4종이, 8절지 등 다양한 크기의 종이, 연필, 싸인펜, 크레파스 등

### ③ 방법

• 먼저 치료사와 내담 아동이 A4용지를 나눠 갖는다.

• 각자 10초 동안 종이 하나 가득 난화를 그린다.

• 치료사와 내담 아동이 각자 그린 난화를 교환한 후 상대방이 그림 속
에서 이미지를 찾아서 색칠한다.

• 각자 "내가 보물을 찾았다"라고 외친 후 치료사와 내담아동이 함께 그
림을 그린다는 것을 보여주기 위해 각 그림에 모두 자신의 사인을 하

고 제목을 함께 붙이도록 한다.

- 그 다음 크기가 다른 종이를 선택하여 비슷한 활동을 한 후 위의 내용을 반복하여 그림 보물찾기를 진행한다.

④ **임상적용 시 주의사항**

내담아동의 에너지 수준이나 장애 정도에 따라 사용되는 종이의 크기를 다르게 하는 것이 좋다. 처음부터 너무 큰 종이를 사용할 경우, 내담아동이 부담스러워할 수 있으므로 작은 종이부터 사용하는 것이 좋다. 이와는 반대로 세밀한 손의 소근육 사용이 어려운 내담아동의 경우 제한된 종이 내에 그리는 것을 더 힘들어 할 수 있으므로 좀 더 큰 종이를 사용하여 난화를 그리도록 하는 것이 좋다. 내담아동이 종이 사용에 있어서 좌절감을 느끼지 않고 스스로 종이선택을 할 수 있는 기회를 제공하는 것이 필요하다.

**그림 7-9 스퀴글 그림 보물 찾기**

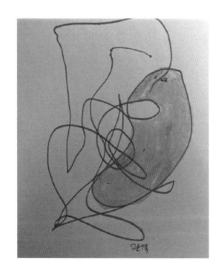
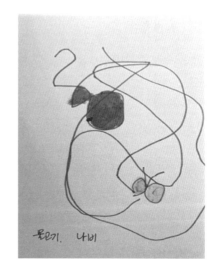

💡 **발달장애아동의 사회성 증진을 위한 미술치료 개입 Tip Tip Tip!**

A. 내담아동의 사회성 증진을 위한 미술작업의 완성은 재미 요소가 들어간 상호 작용 놀이로서의 연장으로 이루어질 수 있도록 할 것.

B. 치료사가 아무리 내담자에게 활동을 제시해도 상호작용이 없다고 낙담하는 경우가 있으나 그 어떤 관계라도 일방적일 수 없다는 점을 명심할 것.

C. 내담자의 단순 낙서와 구별되도록 낙서에 이름을 짓는 활동 등 모든 작품에 제목을 정할 것.

D. 내담아동을 무조건 도와주지만 말고 치료사도 미술작품을 내담아동과 함께 혹은 나란히 앉아 작업하면서 내담아동이 주도할 수 있도록 하거나 내담아동의 모델링이 될 것.

# 참고문헌

고주연 외 (2019). 장애아동의 이해. 서울: 학지사메디컬.

김영태 (2014). 아동언어장애의 진단 및 치료(제2판). 서울: 학지사.

신준욱 (2020). 발달장애아동의 문제행동감소를 위한 집단놀이치료 효과에 대한 연구 - 장애인 주간보호센터 이용자를 중심으로. 융합정보논문지, 10(3), 176-184.

양심영, 강은진 (2011). 발달장애아동의 사회성 증진을 위한 기능성 모바일 게임 개발. 어린이미디어연구, 10(2), 23-43.

정대영, 김영아 (2010). 긍정적 행동지원이 자폐성장애 유아의 수업방해행동 및 사회적 상호작용 행동에 미치는 효과. 특수아동교육연구, 12(3), 299-323.

Bridges, L. J., Denham, S. A., & Ganiban, J. M. (2004). Definitional Issues in Emotion Regulation Research. *Child Development, 75*(2), 340-345.

Grant, R. J. (2020). 자폐스펙트럼장애와 발달장애를 위한 놀이치료 가이드북 (유미숙, 이영애, 김지은 역). 서울: 시그마프레스. (원서출판 2017).

Gray, C. (1995). *Teaching Children with Autism to "Read" Social Situations.* In: Quill, K.A., Ed., Teaching Children with Autism: Strategies to Enhance Communication, Albany, Delmar, 219-242.

Lusebrink, V. (2010). Assessment and therapeutic application of the expressive therapies continuum: Implications for brain structures and functions. Art Therapy: *Journal of the American Art Therapy Association, 27*(4), 168-177.

Martin, N. (2018). 조기개입 아동미술치료: 발달지연과 ASD (박정은 역). 서울: 학지사. (원서출판 2009).

Thompson, R. A. (2014). *Socialization of emotion and emotion regulation in the family.* In J. J. Gross (Ed.), Handbook of emotion regulation (pp. 173-186). The Guilford Press.

8장

Q & A

발달장애 아동들에게 질 높은 미술재활서비스를 제공하기 위해서는 이를 실시하는 미술치료사의 전문적인 성장이 매우 중요하다. 이에 국가에서는 미술재활서비스 제공 인력의 자격 기준을 엄격하게 관리하고 있다. 그러나 전문성과 관련된 자격에 대해서는 기본 자격 기준을 갖추고 그에 대한 수련시간을 마치면 가능하지만, 치료사들은 실제 발달장애 내담아동의 다양한 사례들을 접하면서 각 사례에 대한 고민을 항상 할 수밖에 없다. 치료사들은 내담아동과의 라포형성을 어떻게 하면 좋을지, 내담아동의 부모들을 대상으로 어떠한 부모교육을 해야 할지, 비장애형제와의 역동을 어떻게 다루어야 할지, 치료 구조화를 어떻게 하면 좋을지 등의 질문들을 하게 된다. 물론 슈퍼비전을 통해 이러한 질문들에 대한 답을 구할 수 있지만, 환경적으로 슈퍼비전을 받기 어렵거나 이로 해소되기 어려운 경우, 치료사들은 난감할 수 있다. 이에 8장에서는 미술재활 현장실습을 하고 있는 예비 미술치료사와 현재 현장에서 활동하고 있는 미술치료사들이 공통적으로 많이 질문하는 내용을 중심으로 Q & A를 제시하고자 한다.

# Q & A

**1. 지적장애와 자폐 성향이 있는 6세 남아를 대상으로 방문형 미술치료를 해야 하는데 무엇을 준비해야 하는지 잘 몰라 걱정이 많이 돼요.**

1) 방문형 미술치료의 경우 환경의 구조화를 우선적으로 하세요.

장애아동 대상 방문형 미술치료를 진행할 때에는 학교나 기관 기반으로 실시하는 것보다 좀 더 고려해야 할 부분이 많습니다. 왜냐하면 기본적인 치료적 환경의 세팅이 되어 있지 않는 경우가 많기 때문입니다. 환경의 구조화를 위해 내담아동의 부모에게 점검해야 할 사항은 다음과 같습니다.

A. 미술치료를 진행할 독립 공간이 있는가?
B. 미술작업을 위한 물리적, 공간적 배치가 되어 있는가?
C. 치료 시간 동안 내담아동의 돌발적 행동을 감당할 수 있는 성인 또는 보호자가 있는가?
D. 내담아동의 형제자매가 있는 경우, 내담아동과의 미술치료 시간 동안 방해받지 않을 수 있는 환경이 마련되어 있는가?

이러한 점검 외에도 방문형 미술치료의 경우 부모상담이 기관에서의 상담처럼 시간 구조화가 어려울 수 있으므로 이에 대해서도 사전에 부모에게 구조화에 대해 분명하게 전달할 필요가 있습니다. 때로는 장애아동 가정에서 이루어지기 때문에 부모님들이 기관에서처럼 부모상담 시간을 길게 요구하는 경우가 있고 치료사가 40분 내담아동과의 시간 이후 10분 부모상담 시간에 부모님들이 호소하는 문제를 다 들어주게 되는 경우가 있습니다. 따라서 치료사는 정해진 시간 동안 부모와의 상담을 진행하는 것이 필요하며 혹시 부모님께서 더 요구하시면 50분 부모상담 회기를 따로 마련하여 진행하는 것을 권합니다.

2) 방문형 미술치료사가 베이비시터가 되지 않도록 하세요.

현재 치료사의 담당 아동은 6세 남아이므로, 그 아동의 형제자매가 있을 경우, 부모님께서 치료 시간 동안 아동들 모두를 남겨놓고 외출을 하는 경우가 있을 수 있습니다. 더불어 나머지 형제자매 아동이 함께 참여하고 싶어서 방문을 열거나 활동을 방해하는 행동을 하기도 합니다. 따라서 치료 시간 동안 다른 형제자매를 돌보는 부모나 성인 보호자가 반드시 있어야 하고, 이에 대해서도 명확하게 부모님께 치료 방해요소가 될 수 있음을 알려드릴 필요가 있습니다.

3) 내담아동과의 상담구조화를 더 엄격히 해 주세요.

내담아동의 가정에서 이루어지는 치료 상황은 내담아동에게 친숙함과 안전감을 더 줄 수 있지만, 이것이 치료장면에서는 방해요소가 될 수도 있습니다. 치료 중간에 내담아동이 하기 싫다고 하면서 방을 나가기도 하고 내담아동의 부모를 부른다거나 형제자매와 놀겠다고 하는 등의 상황들이 발생할 수 있습니다. 따라서 내담아동과 치료 상황에서의 규칙을 명확히 전달하고 이를 잘 지킬 수 있도록 격려하는 것이 필요합니다.

**2. 9세 자폐스펙트럼 장애로 진단을 받은 여아를 대상으로 방문형 재활서비스를 진행하고 있습니다. 미술치료 시 부모가 장애아동의 비장애형제를 치료에 참여시키려 해요. 이럴 때 어떻게 해야 하는지 궁금해요.**

1) 부모에게 치료적 환경의 특성을 설명하고 구조화하세요.

가정으로 방문하여 치료가 진행되는 방문형 재활서비스의 경우, 장애 아동에게는 친숙한 환경에서 치료가 진행됨으로 인해 심리적 저항감이 적다는 긍정적인 부분도 있지만, 치료의 장으로서 치료자와 장애아동 간의 긴밀한 경험을 할 수 있는 특별한 공간 마련에 어려움이 발생하기도 합니다. 예를 들어 장애아동의 형제가 있는 경우, 부모는 치료사에게 장애아동의 치료 활동에 비장애 형제를 참여시키려는 제안을 하게 되는 경우가 있을 수도 있습니다. 특별히 아동에게 흥미가 있는 미술 매체 및 활동은 비장애 형제에게도 흥미를 느끼게 하며 참여하고 싶은 동기를 가지게 합니다. 이렇듯 부모 및 비장애 형제의 치료참여 제안에 대해 치료사는 당혹감을 느낄 수 있습니다.

이때 치료사는 부모에게 가정이라는 친숙한 환경에서 이루어지는 즐거운 활동이기는 하지만 이 시간은 내담아동만을 위한 치료사와 내담아동 간의 특별한 시간임을 알릴 필요가 있습니다. 장애아동은 치료사와 함께 미술 매체를 통해 자신의 어려움을 표현하고 극복해가는 과정을 경험하기 때문에, 충분히 비밀 보장이 될 수 있는 환경이 필요합니다. 이러한 미술치료의 특성 및 중요성을 부모에게 알리고 장애아동이 편안하게 치료사와의 안전한 관계 안에서 자신을 표현할 기회를 가질 수 있도록 치료사는 환경을 구조화할 필요가 있습니다.

2) 부모와 논의하는 과정에서 힘겨루기가 발생하지 않도록 조심하세요.

치료사가 부모에게 미술치료의 특성에 대해 설명했음에도 불구하고, 일부 부모님들 중에는 더 강력하게 제안을 하기도 하고, 비장애형제가 치료에 참여하려는 강한 요구를 할 수 있습니다. 이때 치료사와 부모 간의 논의 과정에서 치료사는 역전이를 경험할 수도 있습니다. 치료사의 역전이는 쉽게 부모와의 힘겨루기로 발전될 수 있기 때문에 치료사는 부모와 힘겨루기 보다는 부모의 요구에 내포된 정서에 대해 반영하고 공감할 필요가 있습니다.

3) 내담아동의 치료가 호전되었다면, 형제 미술치료로 진행해 보세요.

만약 장애아동과 비장애 형제간의 형제 갈등이 심각하고, 내담아동과 치료사가 신뢰관계를 잘 형성한 상황에서 개별 치료가 어느 정도 호전되었다면, 장애아동에게 먼저 동의를 구한 이후 비장애 형제와 함께 하는 활동을 계획해 봄으로써 형제 간의 관계갈등을 해소할 수 있는 치료적 개입을 모색할 수도 있습니다. 이때 가장 중요한 것은 내담아동과 치료사의 관계라는 것을 잊지 말아야 합니다.

**3. 자폐스펙트럼 장애 진단을 받은 남아를 대상으로 미술치료를 진행하고 있습니다. 치료사가 매 회기 치료목표에 적합한 매체 및 활동을 구조화 시켜서 치료를 진행하는데, 아동이 치료사가 준비한 활동이나 매체에는 관심과 흥미를 전혀 보이지 않습니다. 이럴 때는 치료사가 어떻게 해야 하는지 궁금해요.**

1) 내담 아동이 무엇에 관심을 보이는지, 어떠한 활동, 매체나 주제에 관심이 있는지를 살펴보세요.

발달장애 아동은 자신이 관심 있는 것에 몰두하거나 특정한 것에 제한적으로 관심을 갖는 경우가 많기 때문에 이들을 적극적으로 활동에 개입시키기란 쉽지 않습니다. 이러한 상황에서는 미술치료사가 내담 아동이 관심이 있는지 먼저 탐색한 후 아동이 관심을 보이는 특정한 캐릭터나 매체를 활용하여 아동이 원하는 활동을 하면서 치료사가 준비한 활동이나 매체를 접목시켜 점진적으로 활동 시간을 늘려가거나 주제를 확장시켜 가는 것이 좋습니다. 예를 들어, 아동이 자동차에만 관심을 보인다면 자동차를 활용해서 자동차 길을 만들거나 신호등을 만들며 활동의 주제를 확장시켜 가거나 자동차를 클레이나 퍼니콘 등으로 만들어 매체 경험을 늘려가면서 치료사와의 상호작용을 이끌어낼 수 있습니다.

2) 치료사의 욕구를 알아차리고 아동의 현재 상태 및 수준을 충분히 이해하세요.

미술치료를 시작하게 되면 치료사는 아동의 긍정적인 변화를 기대하며 치료를 구조화시켜 이끌어 가려고 하는 경우가 많습니다. 그런데, 미술치료사가 자신이 준비한 구조화된 활동에 발달장애아동을 억지로 참여시키려고 하거나 이들이 흥미를 보이는 것에 관심을 기울이지 않는다면, 결국 한 회기 내내 아무 것도 하지 못하고 회기가 끝날 수도 있습니다. 이는 미술치료사에게도 치료에 대한 엄청난 좌절을 불러일으킬 수도 있습니다. 혹시 치료사 자신이 아동의 현재 상태 및 치료에 참여할만한 기능 수준보다 더 많은 것을 원하고 있지 않은지 치료사 자신의 욕구를 알아차리는 것이 필요합니다. 또한 아동의 긍정적인 변화와 성장은 자신이 생각하는 것보다 오랜 시간이 걸릴 수 있다는 것을 인식할 필요가 있습니다.

**4. 8세 지적 장애와 자폐 성향이 있는 남아를 대상으로 미술치료를 진행하고 있습니다. 아동이 때때로 갑자기 소리를 지르고 매체를 던지며 분노폭발을 하거나 치료실을 뛰쳐나가는 행동을 보일 때가 있습니다. 이러한 예기치 못한 돌발 행동에 자주 당황하게 되고 치료를 이어가기가 어렵습니다. 이럴 때는 어떻게 개입해야 할까요?**

1) 아동이 보이는 분노폭발 행동의 맥락과 특징을 이해해 보세요.

비장애 아동과 마찬가지로 발달장애 아동이 보이는 모든 행동에도 맥락이 있고 특징이 있다는 것을 기억할 필요가 있습니다. 아동이 최소한의 규칙에 대한 개념이 있고 규칙을 따를 수 있는데 원하는 것이 이루어지지 않거나 원하는 바가 있을 때 그것이 관철될 때까지 크게 소리를 지르거나 폭발적인 행동을 보인다면, 자신이 특정한 행동을 했을 때 얻게 되는 무언가가 있을 수 있습니다. 먼저 그 부분이 무엇이며 지금까지 그런 행동을 보였을 때 부모가 어떻게 반응했는지 탐색할 필요가 있습니다. 아동의 행동을 수정하기 전에 아동이 보이는 문제 행동의 맥락을 이해하는 것이 필요합니다.

2) 아동을 단호하고 차분하게 진정시켜 주세요.

먼저 내담아동과 미술치료사 자신을 보호하기 위해서 아동을 진정시키는 것이 좋습니다. 이럴 때 미술치료사는 길게 이야기하는 것보다 '단호하고 간단하게' 제한을 설명하고 아동에게 감정적으로 반응하지 않도록 하며 아동이 진정될 때까지 기다려야 합니다.

언어적인 표현이 어려운 아동이 치료실 밖에서 분노폭발을 할 때, 가능하면 사람들이 적은 곳으로 데려가고 치료실 안에서 발생한다면 한쪽으로 가서 등을 쓰다듬거나 토닥거리며 아동을 진정시키는 것이 필요합니다. 아동이 짧은 시간 안에 진정되기는 쉽지 않은데, 먼저 주위를 환기시켜 주는 것이 가장 효과적입니다. 무엇보다 이러한 행동을 미리 예측하고 발생하지 않도록 아동을 자극하는 촉발 상황이 어떤 것인지를 미리 알고 대처하는 것도 중요합니다.

**5. 8세의 언어장애와 ADHD로 진단을 받은 아동을 치료하면서 부모상담을 진행하고 있습니다. 그런데 부모님이 부모 상담 진행 상황을 녹음하고 싶다고 하거나, 개인적인 부탁을 하기도 하고, 시간을 마음대로 바꾸려 하는 등 다소 지나친 요구를 합니다. 이럴 때 어떻게 해야 할지 고민이 돼요.**

1) 치료사의 역할을 명확히 재정립하세요.

간혹 부모가 지나친 요구를 하여 치료사를 당황하게 만드는 경우가 있습니다. 예를 들어, 치료 시간을 더 늘려달라고 하거나, 부모가 계획한 활동을 진행해 줄 것을 요구하거나, 부모 상담 상황을 녹음하고 싶다고 하는 등 치료적 관계 및 구조화를 흔드는 요구들은 적잖이 치료사를 혼란스럽게 하며, 쉽게 역전이 감정을 느끼게 합니다. 혹은 부모가 치료에 대해 지나친 마술적인 기대를 가지거나, 치료자를 지나치게 의존하여 책임을 치료사에게 전가하려는 태도를 보이기도 하는데, 이럴 경우 치료사는 당황스러우면서 부담감을 느낄 수 있습니다. 또 한편으로 치료사는 부모의 이런 지나친 요구를 들어주지 않음으로써 부모와의 신뢰 관계나 치료 과정에 영향을 미치지는 않을까 하는 걱정을 하기도 합니다.

치료사는 재구조화를 통해 치료사의 역할을 명확히 하는 것이 필요합니다. 일반적으로 치료 초기에 구조화를 통해서 치료의 기대를 탐색하고 그 기대가 비현실적이라고 느껴질 경우 부모의 기대를 조정해야 합니다. 이때 부모가 치료사에게 요구하는 마음에 대해서는 공감하고 반영하되, 치료가 무엇인지, 치료사의 역할은 무엇이며, 그 한계는 어디까지인지를 이해시키는 것이 필요합니다.

2) 치료의 구조화를 통해 치료사-부모관계의 신뢰를 공고히 하세요.

초보 치료사의 경우 부모의 요구를 들어주지 않을때 부모와의 신뢰 관계가 깨지면 어쩌나 하는 걱정을 많이 합니다. 하지만 관계에 대한 명확한 한계를 설정할 때 오히려 치료사-부모 관계는 안정되며, 신뢰를 강화시킬 수 있습니다. 치료사가 따뜻하고 일관된 구조화를 보여줄 때 부모는 진솔한 치료적 관계를 경험하게 되며, 이는 그 이후 장애아동과의 치료과정을 안정되게 할 수 있습니다.

**6. 지적장애와 ADHD 진단을 받은 초등학교 2학년 여자 아동과 미술치료를 진행하고 있는데 내담아동의 부모님이 너무 바쁘셔서 안쓰러운 마음이 들지만 아동의 문제행동은 나아지지 않아 죄책감이 들고 에너지가 너무 소진되는 것 같아요. 이대로 치료를 지속해도 괜찮을까요?**

1) 현재 치료장면에서 치료사의 역전이가 일어나고 있는지 점검해 보세요.

치료사는 내담아동에 대한 안쓰러운 마음을 가질 수도 있고 그 아동을 도와주고 싶은 마음으로 내담아동에 대한 생각을 많이 할 때가 있습니다. 이러한 감정은 결코 치료 장면에서 도움이 되지 않을 수도 있습니다. 이것을 역전이라고 하는데요. 그 감정이 무엇으로부터 출발했는지 자기 자신을 좀 더 들여다볼 필요가 있습니다. 혹시 내담아동이 장애아동이기 때문에 내가 꼭 도와줘야 할 대상으로만 보고 있지 않은지, 내담아동의 부모가 바빠서 혹시 치료사가 부모 마음을 가지고 내담아동을 바라보고 있는지를 점검해 보시기 바랍니다. 진정으로 이루어지는 치료적 관계 형성은 내담아동을 나와 동등한 존재로 보면서 내담아동의 내면의 힘을 믿는 것이 필요합니다. 또한 내담아동에 대한 양육 역할을 치료사가 아닌 부모가 잘 할 수 있게 안내하는 것도 필요합니다. 이러한 감정에 대한 점검은 슈퍼비전이나 자기분석을 통해 도움받기를 권합니다.

2) 치료사 본인의 즐거움의 욕구를 찾아 실천해 보세요.

치료사들이 가지고 있는 비합리적 신념 중의 하나는 '치료사는 착해야 한다.', '치료사는 남을 도와야 하기 때문에 참아야 한다.' 등의 신념을 가지고 있는 경우가 있습니다. 이러한 비합리적인 신념은 치료사를 쉽게 소진되게 만드는 요소이기도 합니다. 치료사 자신이 자신의 욕구를 들여다보고 이를 충족시킬 수 있는 방법을 찾아 실천해 보는 것이 필요합니다. 이는 자신에게 자신을 돌보는 충분한 시간과 노력을 기울여야지만 가능합니다. 이것이 내담자의 어려움을 더 잘 들여다볼 수 있는 방법이기도 합니다.

3) 내담아동의 현재의 상태를 좀 더 자세하게 파악해 보세요.

내담아동과 미술치료를 진행하는 데 있어서 여러 회기가 진행되었음에도 호전되는 모습이 보이지 않는다고 생각될 때 치료사는 자신의 전문성에 대해 의구심을 갖기도 합니다. 물론 자신의 전문성을 점검하는 것도 필요하지만 먼저 내담아동의 수준을 다시 한번 점검해 보는 것이 필요합니다. 때로는 치료사가 내담아동의 수준을 고려하지 않고 너무 많은 미술매체를 제공하거나 어려운 미술작업을 제공하는 경우가 있어 내담아동이 이를 거부하거나 금방 싫증을 내는 모습을 보일 수가 있습니다. 이때 내담아동을 면밀하게 관찰하여 현재의 미술발달 수준과 내담아동 선호 매체나 거부 매체 등을 자세히 파악하는 것이 필요합니다. 이와 더불어 치료사가 준비한 여러 가지 미술 작업을 한 회기에 모두 다 하기보다는 한 매체를 가지고 여러 활동을 해보거나 놀이로 확장해보는 등 치료사의 실험적이고 창의적인 노력이 요구되기도 합니다. 이에 대한 도움이 필요하다면 동료 치료사들과 매체에 대한 탐색 시간을 함께 가지면서 다양한 방법들에 대한 아이디어를 공유해 보기를 권합니다.

7. 경계선 지능과 ADHD 진단을 받은 7세 여아를 대상으로 미술치료를 진행하고 있습니다. 아동이 미술 활동에는 흥미를 보이며 적극적으로 참여하는데, 매회기 40분의 시간이 부족하다고 느낄 정도로 회기를 마무리하고 정리할 때 오랜 시간이 걸립니다. 치료사가 아동에게 남은 시간을 3번에 걸쳐 알려주고 정리해야 하는 시간을 명확히 전달하는데, 아동이 떼를 쓰거나 장난을 치면서 종결 시간을 지키지 않아서 다음 치료 시간도 걱정되고 무척 난감합니다. 이럴 때는 치료사가 어떻게 해야 하는지 궁금해요.

1) 내담 아동이 바람직한 행동을 했을 때 좋은 것으로 보상해 주며, 긍정적 행동의 빈도를 늘려가 보세요.

치료가 끝난 후, 치료실에서 나가지 않으려고 떼를 쓰거나 치료사를 난처하게 하면서 치료시간을 지키지 않는 아동이 있습니다. 이럴 때 치료사가 잘 대처하지 못하면 다음 치료 회기 시간에도 영향을 줄 수 있습니다. 먼저 아동에게 긍정적 강화를 통해 긍정적 행동의 빈도를 늘려가 보면 좋겠습니다. 아동과 치료실의 규칙을 다시 한번 다루면서, 치료사가 이야기 한 시간에 맞춰 치료실 정리에 참여하고 회기를 마무리한다면 아동에게 칭찬 스티커를 붙여주세요. 칭찬 스티커가 일정 기간 동안 모이면, 아동이 좋아하는 활동이나 매체를 사용할 수 있도록 할 수 있습니다. 이 과정에서 중요한 것은 아동의 긍정적 행동 후 바로 칭찬을 하고, 결과보다 아동이 애쓰고 노력한 과정을 칭찬하는 것이 중요합니다. 발달아동을 만나는 치료사들은 자칫하면 아동의 문제 행동을 크게 바라볼 수 있는데, 아동의 바람직한 행동을 더 크게 바라봐 주는 치료사의 태도도 필요합니다.

2) 치료사의 일관성 있는 태도가 매우 중요합니다. 때로는 단호한 모습이 필요하기도 해요.

미술치료사들이 발달아동에 대한 애정을 가지고 회기를 진행하면서 어떤 회기는 아동의 요구에 좀 더 작업을 하도록 허용하거나 아동이 치료실을 정리하지 않더라도 아동을 아끼는 마음으로 내버려 두기도 합니다. 먼저 기억할 것은 치료사의 일관성 있는 태도입니다. 치료실 안에서는 치료사와 내담 아동이 지켜야 할 규칙이 있는데, 규칙을 깬 허용적인 치료사의 태도는 아동에게 규칙을 지킬 필요성이 없다고 여기게 만들 수 있습니다. 아동이 치료사와 일종의 '힘겨루기'를 할 때, 치료사가 감정을 실지 않은 채 안 되는 것에 대해 안 된다고 일관성있고 단호하게 반응하는 것은 치료사가 아동에게 끌려다니지 않고 치료를 더 안정적으로 진행하는 데 필수적인 부분입니다.

# 색인

# 저자 약력 ----------------------------------

## | 박성혜

숙명여자대학교 심리치료대학원 미술치료학과 조교수로 재직 중이다. 숙명여자대학교에서 학사, 석사, 박사 학위를 받고 미국 NDNU(Notre Dame de Namur University)에서 미술치료 전공 석사학위를 받았다. 서울시늘푸른여성지원센터, 강북구청소년상담복지센터/청소년지원센터 꿈드림 등의 센터장을 역임했으며 미국에서 CASA(Court Appointed Special Advocate), 미술치료사로 활동하였다. 전 한국미술심리치료연구학회 학회장이자 현재 미술심리상담전문가, 한국미술치료학회 임상미술심리전문상담사, 미국 공인 미술치료사 ATR(Registed Art Therapist), 한국상담심리학회 상담심리사 1급, 한국발달심리학회 발달심리사 1급, 청소년상담사1급, 사회복지사1급 자격으로 치료사 및 슈퍼바이저로서 활동하고 있다. 저서 및 역서로는 미술심리치료 이론과 실제, 외상 후 스트레스장애와 미술치료, 아동상담, 아동발달심리학 등이 있다.

## | 곽진영

숭실사이버대학교 상담심리학과 외래교수로 재직중이고, 숙명여자대학교 심리치료대학원 미술치료학과 겸임교수로 재직하였다. 뉴욕 파슨스디자인스쿨에서 학사, 숙명여자대학교 일반대학원에서 아동심리치료전공으로 석사, 박사 학위를 받았다. 관악아동발달센터, 연세신경정신과 및 신지용정신건강의학과에서 미술치료사로 근무하였다. 현재 한국미술치료학회 임상

미술전문상담사와 학회 이사 및 한국미술심리치료연구학회 미술심리상담 전문가 및 학회 슈퍼바이저로 활동하고 있다. 공저서 및 공역서로는 미술심리치료 이론과 실제와 임상 적용을 위한 미술치료의 이해가 있다.

| 전성희

숙명여자대학교 심리치료대학원 미술치료학과 겸임교수 및 더드림상담코칭연구소 소장으로 재직 중이다. 숙명여자대학교 아동심리치료전공 석사와 박사학위를 받았으며, 이혜련상담연구소 및 원광아동상담센터에서 상담연구원을 지냈다. 현재 미술심리상담 교육전문가, 놀이심리상담사 1급으로 상담 및 강의를 진행 중이며, 서울가정법원의 가사상담위원으로 활동하고 있다. 공저 및 공역으로 '내 아이의 일기장', '엄마도 모르는 아이 마음', '이야기놀이치료', '임상수퍼비전', '부부의 성격차이 해결법'이 있다.

제2판

# 발달장애 아동을 위한 미술치료 가이드북

초판발행     2022년 11월 4일
제2판발행    2024년 3월  8일

지은이       박성혜·곽진영·전성희
펴낸이        노    현

편 집        배근하
기획/마케팅   조정빈
표지디자인     권아린
제 작        고철민·조영환

펴낸곳       ㈜ 피와이메이트
           서울특별시 금천구 가산디지털2로 53 한라시그마밸리 210호(가산동)
           등록 2014. 2. 12. 제2018-000080호

전 화        02)733-6771
f a x       02)736-4818
e-mail      pys@pybook.co.kr
homepage    www.pybook.co.kr
ISBN        979-11-6519-490-1   93180

정 가        20,000원

박영스토리는 박영사와 함께하는 브랜드입니다.